Eugen Schuyler

Erinnerungen an den Grafen Leo Tolstoi

Schuyler, Eugen

Erinnerungen an den Grafen Leo Tolstoi

ISBN: 978-3-86741-280-3

Auflage: 1
Erscheinungsjahr: 2010
Erscheinungsort: Bremen, Deutschland

© Europäischer Hochschulverlag GmbH & Co KG, Fahrenheitstr. 1, 28359 Bremen (www.eh-verlag.de). Alle Rechte beim Verlag und bei den jeweiligen Lizenzgebern.

Cover: Gemäldeausschnitt aus einem Porträt Leo Tolstois von Ilja Repin

Erinnerungen an den Grafen Leo Tolstoi

I.

In dem gastfreundlichen Hause des hochgebildeten Fürsten Odojewsky in Moskau sah ich zum ersten Mal den Grafen Leo Tolstoi bei einer Abendgesellschaft im Jahr 1868. Er war damals eifrig beschäftigt, Material für seinen Roman »Krieg und Frieden« zu sammeln, das ihm zum Teil auch die Damenwelt Moskaus lieferte.

Ich fühlte mich sogleich sehr angezogen von seinem Wesen und bat die Fürstin, mir Gelegenheit zu geben, öfter mit ihm zusammenzutreffen.

»Das ist unnütz,« erwiderte die Fürstin lachend, »Sie werden nichts aus ihm herausbringen, er ist sehr scheu und zurückhaltend.«

Ich ließ mich durch die Bemerkung der Fürstin nicht abschrecken und begab mich am anderen Tag zum Grafen Tolstoi, den ich, umgeben von Büchern und Papieren, in einer kleinen Wohnung fand, die ihm ein Freund überlassen hatte. Er war keineswegs ein Bär, im Gegenteil erschien er mir außerordentlich liebenswürdig. Unsere Bekanntschaft wurde dauernd; er schlug mir vor, eine Reise nach den Ländern südöstlich von Orenburg, an der Grenze Asiens, zu machen. Nicht nur rüstete er mich mit Briefen an seine verschiedenen Verwandten und Freunde aus, sondern er lud mich auch dringend ein, im Herbst auf sein Gut zu kommen und dort zu bleiben, solange es mir gefalle und solange ich seine Gewohnheiten ertragen könne.

Gegen Ende des Sommers wurde diese Einladung wiederholt.

So kam es, dass ich Sonnabend den 3. Oktober 1868 um fünf Uhr abends Moskau verließ und mit dem einzigen passenden Zug der kürzlich eröffneten südlichen Eisenbahn, an Tula, dem russischen Birmingham und Sheffield, vorüber, ungefähr zweihundert Kilometer von Moskau nach Süden fuhr. Um zwei Uhr nachts kam ich in Jasnaja Poljana an.

Das schöne Wetter, mit dem wir von Moskau abgefahren waren, verwandelte sich in einen trübseligen Regen. Der Wagen des Grafen wartete auf der Station Jassenki, aber der Regen strömte so stark herab und es war so dunkel, dass wir anderthalb Stunden brauchten, um die sechs Kilometer zurückzulegen, die uns noch vom Hause in Jasnaja Poljana trennten. Endlich näherten wir uns einer großen, steinernen Säule und bogen in eine Allee ein. Ein Diener erwartete mich im Hause und begleitete mich durch labyrinthartige Gänge in mein Zimmer, wo ich einen gedeckten Tisch vorfand. Ich aß mit Vergnügen und erwärmte mich mit Tee. Man sagte mir, es sei schon sehr spät und ich solle nicht vor elf Uhr erscheinen, der gewöhnlichen Stunde für den Morgenkaffee.

Das mir angewiesene Zimmer lag an der anderen Ecke des niederen, ersten Stockwerks. Um zum Grafen zu kommen, musste ich durch sein Kabinett gehen, aber, wie ich am andern Tag fand, war ich nahe bei einer Treppe und konnte ungeniert in den Salon und das Speisezimmer gelangen.

In einer Ecke stand ein Glasschrank voll mit Heiligenbildern, oder, wie man sie hier nennt, Ikonen alten Stils, welche augenscheinlich vor dem Auftreten des Raskol (Sektenwesen) gemalt worden und mit kostbaren Edelsteinen besetzt waren, sowie auch von

Kreuzen, Rosenkränzen und Reliquien, sodass meine Neugierde stark erregt wurde. Später erfuhr ich, dass dies das Zimmer der Generalin Juschkow, einer Tante des Grafen, war, welche ihn schon in früher Jugend in Obhut genommen hatte und noch immer bei ihm lebte.

Am anderen Morgen um elf Uhr erschien ich im Salon und wurde mit den Familiengliedern bekannt gemacht. Die Gräfin Sophia Andrejewna, eine hochgewachsene und schlanke, bezaubernd schöne Dame von ungefähr vierundzwanzig Jahren, war die Tochter eines deutschen Moskauer Arztes Bors, welcher damals die Stelle des obersten Militärmedizinalinspektors in Tula einnahm. Ich fand drei Kinder, Sergej oder schmeichelnd Sereschenka genannt, einen hübschen, niedlichen Knaben von fünf Jahren, dann ein kleines Mädchen mit großen Augen, wie ihre Mutter, welche Tanja genannt wurde, ein Schmeichelwort für Tatjana, und einen kleinen Knaben, Ilja oder Iljuschka. Auch eine alte englische Gouvernante war zugeen. Der Graf trug eine graue Bluse mit Aufschlägen und Gürtel, halb einer Jagdjacke, halb einem Bauernhemd ähnlich. Das war sein gewöhnliches Kostüm auf dem Gut.

Das Gespräch in der Familie wurde gewöhnlich in englischer Sprache geführt, wenigstens in Anwesenheit der Kinder. Die Kinder erhielten Kaffee und Brot mit Butter zugleich mit uns oder später. Der Graf und ich rauchten, sprachen, spielten ein oder zwei Stunden Klavier, und so war es immer, wenn der Regen nicht erlaubte, das Haus zu verlassen. Plötzlich klärte sich das Wetter wie durch Zauber auf und wir konnten hinausgehen und die Umgegend besichtigen.

Jasnaja Poljana, dessen Mitte aus offenem Feld besteht, hat etwa hundertfünfundzwanzig Dessjätinen, von welchen der größte Teil immer bebaut wurde. Aber da die Erde nicht fruchtbar ist und sich im Vergleich mit der reichen, schwarzen Erde arm erwies, welche sechs Kilometer weiter nach Süden beginnt, da ferner die kürzlich eröffnete Eisenbahn die Preise des Getreides erniedrigte, welches aus viel besseren Gegenden von der Eisenbahn herbeigeführt werden konnte, und da der Arbeitslohn an dieser Stelle zu hoch war, um Bauern als Fuhrleute oder Knechte einzustellen, so gab Graf Tolstoi den Anbau von Weizen und Roggen auf und pflanzte auf dem ganzen Gut Birkenbäume. Das wird nach seiner Berechnung nach Verlauf von zwanzig Jahren einen großen, sicheren Gewinn abwerfen, wenn das Aushauen sorgfältig nach dem französischen System ausgeführt wird; dadurch glaubt er, seinen Kindern das Gut einträglicher hinterlassen zu können, als er es selbst geerbt hatte.

Das Haus steht auf einer kleinen Anhöhe, am Ende einer prächtigen Birken- und Lindenallee. Hinter dem Hof und den Ställen beginnen Wald und Feld. Ein Gewächshaus war vor einem oder zwei Jahren erbaut worden und seit dieser Zeit wurde der Blumengarten aufgegeben.

Das alte Herrenhaus, welches einst ein schönes Gebäude gewesen war, drohte einzustürzen und musste abgebrochen werden; die Familie wohnte in einem der Flügel. Alle großen Häuser in Russland, sowohl auf dem Lande als in den Städten, wurden früher mit zwei oder drei gesonderten Flügeln gebaut, welche sich immer dann als nützlich und bequem erwiesen, wenn eine ganze Familie mit einem halben Dutzend Dienstboten auf drei Monate zu Gast kam.

Um fünf Uhr gingen wir zu Tisch, worauf man sich bis zehn Uhr mit Musik und Gespräch unterhielt. Dann wurde ein leichtes Abendessen aufgetragen, nach welchem der Graf mich in sein Kabinett einlud, wo wir bis ein oder zwei Uhr im Gespräch zubrachten.

Der folgende Tag wurde ebenso verbracht. Es ist unmöglich, zu beschreiben, wie die Wochen vergingen, in anregender Gesellschaft und Unterhaltung, während das schöne Oktoberwetter oft zu Ausflügen einlud.

Tolstoi war damals schon mit dem letzten Teil von »Krieg und Frieden« beschäftigt, konnte aber doch nur wenig Zeit dem Schreiben widmen. Damals, wie früher immer, war Tolstoi ein großer Freund des Sports. Jeden Morgen fand ich ihn, nachdem er sich mit Tagesanbruch und zuweilen noch früher erhoben hatte, ohne Rücksicht darauf, um welche Stunde er sich in der vorhergehenden Nacht niedergelegt hatte, auf dem Wege zur Jagd in den Wäldern, mit Gewehr und Hund. Damals war eben die Jagdsaison, aber ein starker Regen hatte für einige Zeit die Rebhühner verjagt, von welchen eine Menge nicht weit vom Hause sich aufhielt, wo einst ein Park gewesen war.

Dieser Lust am Sport verdanken wir nicht nur die ganze Geschichte »Die Kosaken«, sondern auch einige andere Erzählungen, sowie die besten Seiten in »Krieg und Frieden« und »Anna Karenina«, da die Jagd und die Kriegszüge von Tolstoi so beschrieben wurden, wie er sie selbst gesehen hatte. Als ich ihn ein- oder zweimal begleitete, konnte ich den starken Realismus dieses Sports sehen und jetzt hat dies für mich ein besonderes Interesse als Erinnerung an meinen Besuch in Jasnaja Poljana. Da ich einen angeborenen Widerwillen gegen Feuerwaffen habe und niemals in einem Lande gelebt habe, wo das Wild in solchem Überfluss vorhanden ist und die Jagd eine Notwendigkeit ist, wie in England, so war ich auch niemals zuvor mit dem Gewehr im Arm in den Wald gegangen. Ich war überzeugt, dass ich das zum ersten und letzten Mal tue, nicht deshalb, weil es mir nicht gefiel, sondern weil sich mir eine ähnliche Gelegenheit niemals wieder bieten werde.

Ich werde niemals meinen ersten Jagdzug vergessen. Es war ein heißer, schöner Tag, wie der, an dem ich jetzt schreibe an der Riviera. Wir fuhren zwanzig Werst weit im offenen Wald, wo wir Hasen schießen wollten. Dort kam der nächste Nachbar, Herr Bibikow, zu uns, den wir fast jeden Tag sahen.

Vielleicht deshalb, weil Tolstoi eine so bemerkenswerte Persönlichkeit ist, kann ich mich Herrn Bibikows wenig mehr erinnern, ich weiß nur, dass er ein angenehmer, gastfreundlicher Gutsbesitzer ist, welcher ein gutes Haus und eine angenehme Familie hatte. Ich erinnere mich auch noch unbestimmt, wie er aussah.

Jede Gruppe führte ein oder zwei Hunde, welche die Hasen aufjagen und längs des Weges bis zum Walde treiben sollten, sodass sie bei uns vorüberkommen mussten, während wir in unbedeutender Entfernung in kleinen Verstecken saßen oder standen, welche augenscheinlich zu diesem Zweck vorbereitet waren. Dazu wurden gewöhnlich ein Baumstumpf oder Holzscheite so aufgestellt, dass sie als Sitz dienen konnten.

Meine Ausflüge in den Wald waren bisher nur botanischer Natur gewesen und außer einem merkwürdigen Vogel oder Insekt beobachtete ich nur Bäume, Gebüsche und den Boden und suchte seltene Pflanzen, Moose und Pilze. Es war mir neu, so still dazusitzen mit gespannten Blicken, horchend auf das verschiedenartige Geräusch im Walde und darauf zu achten, ob Zweige oder Blätter fielen – damals begannen eben die Blätter zu fallen, aber nicht eins von ihnen, selbst nicht die Ahorn- und Eichenblätter hatten eine so helle Farbe wie bei uns – dann auf jedes Geräusch zu achten, das die Vögel verursachen, über unbekannte Töne nachzudenken und nach den Bewegungen der Hasen zu horchen.

Damals verlebte ich eine der angenehmsten Viertelstunden meines Lebens. Die geistige Spannung, die Erwartung schien in mir ein neues Gefühl zu erregen. Einsam, obgleich in Hörweite von meinen Genossen, wusste ich nicht, wo sie sich befanden, da meine Stelle früher als die der andern bezeichnet worden war. Endlich hörte ich, wie die Hunde durch den Wald liefen, und ich konnte nicht zweifeln, dass ein Hase sich näherte. Er lief bis zu einer Waldlichtung und hielt plötzlich wie versteinert an, indem er mich neugierig betrachtete; auch ich sah ihn verwundert an. Ich war so nervös aufgeregt, dass ich vergaß, dass ich ein Gewehr halte und dass ich hier aufgestellt worden war, um ihn zu schießen. Als wir einander zur Genüge betrachtet hatten, entfernte er sich ohne Übereilung.

Noch eine halbe Stunde der Erwartung verging, während welcher ich einige Schüsse rechts und links vernahm. Wieder erschien ein Hase, wahrscheinlich derselbe, welcher mir gegenüber gesessen hatte, als ob er sehen wollte, was ich machte. Diesmal aber zielte ich auf ihn und verwundete ihn an der linken Pfote. Es tat mir leid um ihn, als ich sah, wie er in ein Gebüsch sprang, und ich vergaß ganz, dass mein Gewehr noch einen Lauf hatte.

Als wir später wieder zusammenkamen und unsere Taten verglichen, erwies es sich, dass ich im Ganzen nicht so schlecht dastand, denn nur ein einziger Hase war geschossen worden, von Bibikow. Tolstoi hatte einen Hasen gesehen, welcher in demselben Augenblick vorüberlief, als er sein Gewehr lud. Die Erzählung von meinen Taten erregte allgemeines Gelächter bei den Jägern, abends aber sagte Tolstoi einige Worte, aus welchen hervorging, dass er die poetische Seite meiner Erlebnisse schätzte.

Am anderen Tage gingen wir wieder auf die Hasenjagd. Tolstoi und zwei Bibikow waren zu Pferde und mit sehr langen, schweren Hetzpeitschen versehen. Die Hunde folgten ihnen am Koppelriemen, wir alle aber, das heißt, Damen und Kinder der Bibikowschen Familie, die Gräfin Serescha und ich, fuhren in einer Lineika, einem langen und niedrigen russischen Wagen, wie er auf dem Lande gebräuchlich ist, in welchem acht bis zehn Personen, mit dem Rücken gegeneinander, Platz finden. Als wir an einer sumpfigen Stelle ankamen, wurden wir auf einer kleinen Anhöhe aufgestellt, von wo aus man nach allen Seiten freien Überblick hatte und wo die Diener das Frühstück bereithalten sollten. Die Reiter mit ihren von der Koppel losgelassenen Hunden zerstreuten sich in verschiedenen Richtungen. Die Hunde waren dressiert, die Hasen auf die Jäger zuzutreiben, welche, sobald sie ihnen nahe kamen, sie gewandt mit einem Schlag der Hetzpeitsche töteten, indem die Hasen entweder dadurch erwürgt oder ihnen die Rippen durchschlagen wurden. Man konnte sich den Hals brechen, indem man über Berge, Wassergruben und Gräben ritt. Diese Jagd ist ebenso interessant für die Zuschauer als für die Jäger selbst.

Eine so besondere Art von Sport kann einem Landstrich eigen sein; andere Arten von Jagd können in jedem Dorf bei solchem Wetter existieren. Am meisten Vergnügen aber machten mir die abendlichen Gespräche nach Tisch, welche sich zuweilen bis spät in die Nacht hinein ausdehnten.

II.

Eines Abends erzählte Tolstoi mir vieles aus seinem früheren Leben. Aber das, was ich jetzt erzählen werde, gibt nicht das wieder, was er sagte, und ich ergänze einige Einzelheiten aus anderen Quellen.

Er wurde am 28. August alten Stils, oder am 9. September neuen Stils, 1828 in Jasnaja Poljana geboren, als der jüngste von vier Söhnen. Von seinen Brüdern lebte Nikolai bis 1862. Man sagt, er habe einen vortrefflichen Charakter gehabt, sei ein großer Jagdfreund von Turgénjew, seinem Gutsnachbar, gewesen und habe einige Jahre im Kaukasus gedient. Er verstand sehr gut, Jagdgeschichten zu erzählen und schrieb auch einige derselben nieder, welche gedruckt wurden. Aber Turgénjew sagt: »Seine Hände waren so rau wie die eines Arbeiters, und das Schreiben verursachte ihm große physische Anstrengung.« Er konnte in gewisser Beziehung als Vorbild für Nikolai Ljowin in dem Roman »Anna Karenina« dienen, sowie noch für einige Einzelheiten.

Seine Schwester Marie war an einen Freund Tolstois verheiratet. Wie Turgénjew sagt, war sie eine im höchsten Grade angenehme und sympathische Dame.

Im Jahre 1856 schreibt er:

Ihre Krankheit macht mir Kummer. Wenn es auf der Welt eine Frau gibt, welche verdient, glücklich zu sein, so ist sie es; aber gerade solchen Naturen legt das Schicksal seine schwere Hand auf.

Tolstois Mutter starb im Jahre 1830, als er zwei Jahr alt war, und nach ihrem Tod wurde die Sorge für die Kinder von einer Tante, der Gräfin Osten-Sacken, einer Schwester ihres Vaters, übernommen. Als die Familie nach Moskau übersiedelte, starb der Vater, im Jahre 1837. Leo, sein Bruder Dimitri und seine Schwester Marie wurden auf das Land zurückgesandt, während Nikolai in Moskau bei der Tante Osten-Sacken blieb und Vorlesungen an der Universität hörte.

Drei Jahre darauf starb auch die Gräfin Osten-Sacken, und die jüngeren Kinder gingen in die Obhut einer Schwester derselben über, einer anderen Tante, Namens Juschkow, welche in Kasan lebte. Sie widmete sich dem Grafen Leo und seiner Familie bis zum Ende ihres langen Lebens, und im ersten Kapitel seiner »Beichte« führt Tolstoi ein seltsames Beispiel dafür an, wie sie für sein Wohl bedacht war.

Damals trat Dimitri in die Universität in Kasan ein und zeichnete sich durch seinen religiösen Eifer aus, der von der übrigen Familie verspottet wurde.

Was Tolstoi in seinem Werkchen »Meine Beichte« über sein früheres Leben sagt, ist sehr interessant, aber wir dürfen nicht vergessen, dass diese »Beichte« unter dem Einfluss einer sehr strengen, religiösen Richtung geschrieben wurde. –

Graf Leo selbst trat in die Universität im Jahre 1843 im Alter von fünfzehn Jahren ein und brachte ein Jahr in der Fakultät der orientalischen Sprachen und zwei Jahre in der juristischen Fakultät zu. Aber plötzlich ergriff ihn der Wunsch, seinen Bauern nützlich zu sein. Er verließ die Universität und ließ sich auf seinem Gut Jasnaja Poljana nieder.

In seiner Erzählung »Der Morgen eines Gutsherrn«, beschreibt er seine Erfahrungen daselbst und die Art, wie ihm seine fortschrittlichen Ideen eingeflößt wurden.

Im Jahre 1851 besuchte er seinen Bruder, der im Kaukasus diente, und dieser Besuch gab seinem Leben einen ganz anderen Verlauf. Unter den Eindrücken der Örtlichkeit und der einfachen Gebräuche und vielleicht auch unter dem Einfluss anderer Vorstellungen, wünschte er, dort zu bleiben, und da der Kaukasus damals kein Ort für Zivilisten war, trat er in den Kriegsdienst als Junker in der 4. Batterie der 20. Artilleriebrigade. Damals war ein Junker etwas, was in der Mitte zwischen dem Soldaten und dem Offizier stand, ein Rang, mit welchem gewöhnlich Adlige in die Armee eintraten und welcher ihnen die Pflichten eines Soldaten auferlegte, zugleich aber erlaubte, mit den Offizieren umzugehen. Seine Garnison war Staroi-Litowsk am Terek, und dort verlebte er zwei Jahre, bis zum Beginn des Kriegs gegen die Türken.

Die neue Umgebung erweckte einen Umschwung in seiner Natur und Tolstoi begann zu schreiben. »Die Kindheit« wurde im Jahre 1852 beendigt, »Das Knabenalter« im Jahr 1854. »Der Überfall« und »Der Morgen eines Gutsherrn« wurden gleichfalls im Jahre 1852 geschrieben. Es ist interessant, dass schon in den Anfängen sich die Keime jener drei verschiedenen Richtungen finden, welchen er folgte und welche in seine letzten und besten Werke verflochten sind, sowie auch der Keim seiner neuen philosophisch-religiösen Phase. Für einige andere kurze Skizzen wurde der Grund gelegt und besonders zu der Erzählung »Die Kosaken« wurden die Umrisse zu Papier gebracht.

Als der orientalische Krieg begann, bat Tolstoi um Versetzung in die aktive Armee und wurde dem Stab des Fürsten Michael Gortschakow, des Oberkommandeurs der russischen Armee an der Donau, zugeteilt. Aber als der Kriegsschauplatz in die Krim verlegt wurde, erhielt er das Kommando einer Bergbatterie und hatte Gelegenheit, in der Schlacht an der Tschernaja. am 4. (16. August 1855) gute Dienste zu leisten. Diese für Russland so unglückliche Schlacht war die Folge einer Reihe von Irrtümern, welche damit begannen, dass der Vertreter des Kriegsministers, Baron Wrewski, energische Kriegstaten verlangte, dabei aber ganz vergaß, dass die Militärtopographen in die Karten die bekannten Wassergruben und Schluchten erst eintragen sollten.

Der Streit im Kriegsrat und die Vorgänge in der Schlacht wurden in einem satirischen Liede hübsch beschrieben, welches die Fähigkeit des russischen Volksgeists zeigt, über die schwierigsten Momente zu scherzen und zu lachen, wodurch der Geist gehoben wird. Dieses Lied war in der Krim sehr beliebt und verbreitete sich in kurzer Zeit in Abschriften über ganz Russland. Die Stimme der Armee schrieb es Leo Tolstoi zu, aber das durfte natürlich nicht zugestanden werden. Wenigstens war er der Verfasser einiger Strophen, welche gelegentlich in einer Abendgesellschaft von Offizieren vorgelesen wurden, wobei Leo Tolstoi selbst den Gesang auf dem Piano begleitete.[1]

Während des Feldzugs begann Tolstoi »Die Jugend«, jedoch erfolgte die Beendigung erst zwei Jahre später. Er schrieb auch noch eine andere Erzählung aus dem

---

1 Dieses Spottgedicht ist am Schlusse dieses Bandes abgedruckt. (Der Übersetzer)

Kaukasus: »Der Durchhau im Walde« und drei Skizzen aus »Sewastopol«. Diese letzteren machten großes Aufsehen in der Heimat, die beiden ersteren aber wurden mit Beifall im kaiserlichen Palast vorgelesen, und Kaiser Nikolai, welcher auch während des Krieges an das geistige Wohl seines Landes dachte, befahl: »Das Leben dieses jungen Menschen aufmerksam zu verfolgen.« Das ist der Ausdruck, welchen Tolstoi gebrauchte, als er davon sprach. Die Folge davon war, dass er zu seinem größten Verdruss von diesem gefährlichen Ort entfernt und für die übrige kurze Zeit der Belagerung nach Simferopol, glaube ich, versetzt wurde.

Nach dem Friedensschluss nahm Tolstoi seinen Abschied und kam, sechsundzwanzig Jahre alt, nach Petersburg, wo die Gesellschaft über diesen jungen Schriftsteller entzückt war. Hier fand er sogleich die schmeichelhafteste Aufnahme in dem ersten literarischen Kreis der Residenz, zu welchem Turgénjew, Gontscharów, Grigorowitsch, Druschinin und Ostrowski gehörten. Bei einer Gelegenheit wurde von diesen allen eine photographische Gruppe aufgenommen.

Diese Periode erwähnt Tolstoi in seiner »Beichte« Seite 10. –

Tolstoi wurde bald des Petersburger Lebens überdrüssig und kehrte nach Jasnaja Poljana zurück. Das Leben in der Residenz ließ sich nicht mit seinen Idealen und seinen Ansichten über die Frage des Daseins vereinigen. Er war jung, beharrlich in seinen eigenen Ansichten und geneigt, von den geltenden Regeln der literarischen Tätigkeit abzuweichen. Aber trotz seiner Beharrlichkeit und seiner Sonderbarkeiten wurde er verehrt und geliebt von allen, die mit ihm zusammentrafen. Da seine Brüder an der Schwindsucht gestorben waren, seine Gesundheit sehr zart war und er ein sehr wildes Leben führte, so fürchtete man für seine Gesundheit. Turgénjew, seinem nächsten Gutsnachbar, wurde aufgetragen, auf ihn zu achten. Von allen Literaten war Turgénjew vielleicht sein wärmster Freund, obgleich er beständig Gegenstand seines Spottes war. Tolstois Redeweise war überhaupt zuweilen sarkastisch. Von den Erfolgen der Bemühungen Turgénjews, Tolstoi zurückzuhalten, werden wir später sprechen.

So lange Tolstoi auf dem Lande lebte, fuhr er fort, zu schreiben und seine ihm eigenen Ideen auszudrücken, jedoch nur in beschränktem Umfange. Im folgenden Jahr, 1857, reiste er zum ersten Mal in das Ausland. Er war bezaubert von Deutschland, blieb lange in Frankreich und reiste bis nach Rom. In Paris war er Zuschauer bei einer Hinrichtung mit der Guillotine, welche einen starken Eindruck auf ihn machte. Er erzählte mir die ganze Geschichte in so lebhaften Farben, dass ich überzeugt war, er werde sie zum Gegenstand einer Erzählung machen.

Seine Reise im Ausland lieferte den Anlass zu zwei oder drei Erzählungen; aber bald hörte er auf zu schreiben und widmete sich dem Unterricht der Bauern auf seinem Gut. Im Jahre 1860 machte er eine neue Reise nach Westeuropa. Im Jahre 1862 heiratete er, und seit dieser Zeit widmete er sich den Freuden des Familienlebens und seinen literarischen Arbeiten, ohne jedoch die Gelegenheit zur Wohltätigkeit zu versäumen.

Wie der Graf mir sagte, stammt seine Familie von einem Dänen namens Dick, welcher nach seinem Eintreffen in Russland seinen Namen übersetzte in das entsprechende »Tolstoi«[2]. Eine Überlieferung aber, welche von Genealogen aufgefunden wurde, leitet sein Geschlecht von einem Deutschen Namens Indrig ab, welcher im Jahre 1353 in Tschernigow ankam, mit zwei Söhnen und etwa dreitausend Begleitern, welche sogleich zur rechtgläubigen Religion übertraten. Der Name Indrig wurde vertauscht mit dem Namen Leonti. Erst in der vierten Generation erhielt einer der Vorfahren, Andree, den Namen Tolstoi, seiner Gestalt wegen. Alle Tolstoi, welche Grafen waren, stammen von dem Grafen Peter Andrejewitsch Tolstoi ab, einem bekannten Diplomaten und Staatsmann aus der Zeit Peters I. und Katharinas I., welcher sich ungünstig dadurch auszeichnete, dass er den Sohn Peters, den Zarewitsch Alexej, in Neapel gefangen nahm. Für seine Dienste wurde er im Jahre 1724 in den Grafenstand erhoben, wobei dieser Titel zum vierten Mal verliehen wurde. Auf diese Weise sind der kürzlich verstorbene Minister des Innern, Graf Dimitri Andrejewitsch Tolstoi sowie der verstorbene Graf Alexej Konstantinowitsch Tolstoi, Dichter und Verfasser des Romans »Fürst Serebränü«, entfernte Verwandte des Grafen Leo; aber wir müssen zum Sohn oder Enkel des ersten Grafen zurückgreifen, um einen gemeinschaftlichen Vorfahren zu finden.

Viele Mitglieder der Familie Tolstoi, mit und ohne den Grafentitel, haben sich in der militärischen, diplomatischen, literarischen oder künstlerischen Lauf-

---

2 Tolstoi ist ein Eigenschaftswort, welches »dick« bedeutet oder, wenn substantivisch gebraucht, »der Dicke«. (Der Übersetzer.)

bahn ausgezeichnet, sowie auch im Staatsdienst und Hofdienst. Jeder der drei Kaiser Alexander hatte einen anderen Grafen Tolstoi.

Ein Vetter des Großvaters des Schriftstellers, Graf Peter Alexandrowitsch, diente mit Auszeichnung unter Suworow. Er erreichte den Rang eines Obersten und erhielt das Georgenkreuz beim Sturm auf Prag. Er war russischer Kommissar bei der Armee des Erzherzogs Karl, Befehlshaber der russischen Armee in Norddeutschland 1806 und Gesandter in Paris 1807 und 1808, worauf Napoleon seine Abberufung verlangte, weil er mit der royalistischen Gesellschaft der Vorstadt Saint-Germain verkehrte. Im Jahre 1812 befehligte er den Landsturm von Moskau und organisierte die Volkswehr. 1813 kommandierte er ein Armeekorps in der Armee Bennigsens beim Angriff auf Dresden und Hamburg. Im Jahre 1823 wurde er zum Mitglied des Reichsrates und zum Vorsitzenden des Militärdepartements ernannt. Im Jahre 1831 kommandierte er die Reserve gegen die polnischen Aufständischen.

Er wird von Dolgoruki, der nicht verschwenderisch mit Komplimenten ist, beschrieben als »ein Mensch von ausgezeichneter Herzensgüte, von unbeugsamer Festigkeit und musterhafter Uneigennützigkeit, welcher sein Vaterland heiß liebte, welcher treu im Dienst, achtungswert, ohne Schatten, verehrt von allen, und während eines fünfundsiebzigjährigen Dienstes ein Ritter ohne Furcht und Tadel war.« Er war in Wirklichkeit ein würdiges Vorbild zum alten Fürsten Nikolai Bolkonski, des Vaters des Fürsten Andree in »Krieg und Frieden«.

Graf Ostermann-Tolstoi diente vielleicht zum Helden eines Abenteuers in Byrons »Don Juan«, da er jener schöne, junge Leutnant war, der Katharina II. die Nachricht von dem Fall von Ismaila überbrachte. Er stieg rasch empor bei Hof, erbte das ungeheure Vermögen seiner Großväter mütterlicherseits (?), Iwan und Fedor Ostermann, und es wurde ihm erlaubt, diesen Namen mit dem seinigen zu verbinden. Obgleich er während der Regierung der Kaiser Paul und Alexander I. in Ungnade war, nahm er doch tätigen Anteil am Krieg 1813 und gewann die Schlacht bei Culm, (soweit es selbst einem Tolstoi erlaubt ist, eine Schlacht zu gewinnen) durch welche zum ersten Mal (?) der Erfolg sich gegen Napoleon wandte.[3] Später lebte er im Ausland, nahm Fallmerayer zu einer dreijährigen Reise in den Orient mit sich und starb in Genf.

Der Vater des Schriftstellers Nikolai Ilitsch hatte nur den Rang eines Oberstleutnants, sein Onkel aber, Fedor Andrejewitsch, Senator und Geheimrat, welcher im Jahre 1849 einundneunzig Jahre alt starb, war ein berühmter Bibliophile, dessen prachtvolle Sammlung slawischer Handschriften sich jetzt in der öffentlichen Bibliothek in Petersburg befindet. Ein Vetter, Graf Fedor Petrowitsch, war Bildhauer und ein guter Medailleur und starb 1873 als Vizepräsident und Professor der Akademie der Künste.

Die Mutter des Schriftstellers war eine geborene Fürstin Maria Wolkonsky, die Tochter eines Generals aus der Zeit Katharina II., eines direkten Nachkommen

---

[3] Der Verfasser vergisst hier die Beresina, die Schlacht an der Katzbach, die Schlacht bei Großbeeren, das Gefecht bei Hagelsberg usw. (Der Übersetzer.)

des heiligen Michael, des Fürsten von Tschernigow, welcher im Jahre 1246 den Märtyrertod durch die Mongolen erlitt, wegen seiner Weigerung, den heidnischen Götzen zu dienen, und von der russischen Kirche den Heiligen zugezählt wurde. Auf diese Wiese ist Graf Leo Tolstoi auch von mütterlicher Seite ein Nachkomme Ruriks.

Unter seinen übrigen Vorfahren finden wir Mitglieder der fürstlichen Häuser Trubezkoi, Gortschakow, Schtschetinin und Trojekurow, ohne verschiedene verwandtschaftliche Verbindungen mit vielen Familien des höchsten russischen Adels zu erwähnen.

Ich habe mich so ausführlich über die Familie Tolstoi vielleicht zum Teil deshalb ausgesprochen, weil ich selbst eine Neigung für Genealogie habe, hauptsächlich aber deshalb, weil Tolstoi eine seltene Ausnahme in der russischen Literatur ist, als ein Schriftsteller und zugleich Mitglied der Gesellschaft, die er zu beschreiben versteht, und endlich deshalb, weil die Geschichte seiner Familie im Kontrast mit seinen religiösen und sozialen Ansichten steht. Ähnliche Kontraste sind in Russland nicht selten.

III.

Da wir die Abende und einen Teil des Morgens in dem mit Büchern erfüllten Kabinett des Grafen verbrachten, so berührte unser Gespräch natürlicherweise auch oft die Literatur. Mehrmals half ich ihm, seine Bibliothek in Ordnung zu bringen, welche zum größten Teil aus französischen Büchern bestand, die von seinem Vater oder Großvater auf ihn gekommen waren. Die Bibliothek enthielt aber auch die besten Produkte der Literatur Englands, Frankreichs, Deutschlands und Italiens, abgesehen von den russischen Büchern und einer bedeutenden Sammlung von Werken über Napoleon und seine Zeit, die er für seinen Roman »Krieg und Frieden« benutzte.

Von diesen letzteren habe ich späterhin einige erhalten; um andere beneide ich ihn noch. Zum Unglück habe ich einen großen Teil meiner Aufzeichnungen über unsere literarischen Gespräche nicht aufbewahrt, einige aber machten einen starken Eindruck auf mich.

Tolstoi hatte eine sehr hohe Meinung von den englischen Romanen, nicht nur in künstlerischer Beziehung, sondern besonders wegen ihres Naturalismus, ein Wort, das damals sehr in Mode war.

»In der französischen Literatur,« sagte er, »schätze ich am höchsten die Romane von Dumas und von Paul de Kock.« Ich sah ihn verwundert an, da ich damals streng zu den herrschenden Schulen hielt. »Nein,« rief er, »sprechen Sie nicht von diesem Unsinn, Paul de Kock sei unsittlich. Nach englischen Begriffen ist er allerdings etwas unanständig; er ist mehr oder weniger das, was die Franzosen ›leste et gaulois‹ (leicht und gallisch) nennen, aber niemals unsittlich. Was er auch in seinen Werken sagt und ungeachtet seiner kleinen, etwas freien Scherze, ist doch seine Richtung vollkommen sittlich. Er ist der französische Dickens. Seine Charaktere sind alle aus dem Leben genommen und vorzüglich. Als ich in Paris war, verbrachte ich gewöhnlich die Hälfte des Tages in den Omnibussen und amüsierte mich ganz einfach mit der Beobachtung des Volks. Ich kann Ihnen versichern, dass ich jeden der Passagiere in einem der Romane Paul de Kocks wiedergefunden habe. Aber was Dumas betrifft, sollte jeder Romanschriftsteller ihn auswendig wissen. Seine Intrigen sind wundervoll, auch schon abgesehen von der Ausarbeitung. Ich kann ihn immer wieder lesen; aber die Verwicklungen und Intrigen bilden seinen hauptsächlichen Vorzug.«

Um Balzac kümmerte sich Tolstoi weniger. Von anderen Schriftstellern kann ich mich nur noch Schopenhauers erinnern, dessen deutschen Stil er besonders schätzte.

Wir sprachen von den heutigen russischen Schriftstellern und natürlicherweise kam unser Gespräch auf seine eigenen Werke, über welche er sich mit großer Aufrichtigkeit aussprach. Der Roman »Krieg und Frieden«, welcher damals gedruckt wurde, war der Gegenstand einer langen Unterhaltung, von der ich aber nur den Schluss wiedergeben kann, und auch diesen nicht in denselben Worten, welche Tolstoi anwandte.

»Krieg und Frieden« erschien zuerst in sechs Bänden von 1863 an und nicht im »Russischen Boten« Katkows, wie immer. Vier Bände wurden in einer großen Anzahl Exemplaren verkauft und von allen gelesen. In diesen wurde die Geschichte bis zur Schlacht von

Borodino fortgeführt; die letzten Bände erschienen erst etwa ein Jahr nachher. Es waren einige feindliche Kritiken erschienen, auf welche Tolstoi in der historischen Zeitschrift »Das russische Archiv« antwortete und gerade um diese Zeit sprach er in demselben Sinn mit mir über das Werk.

Ich muss bemerken, dass Tolstoi vor »Krieg und Frieden« einen Roman »Die Dezembristen«[4] Begonnen hatte, welcher den Aufstand vom 24. Dezember 1825 bei der Thronbesteigung des Kaisers Nikolai I. behandelte. An diesem Aufstande nahmen viele russische Adlige teil, darunter auch einige seiner Verwandten. Zu jener Zeit beschäftigte die Geschichte dieses Aufstandes das russische Publikum sehr. Es war von der Entwicklung des verderblichen Nihilismus die Rede, welcher zum Teil der Rückkehr einiger Dezembristen (Teilnehmer am Aufstand) zuzuschreiben ist, welche von Kaiser Alexander II. nach mehr als dreißigjähriger Verbannung begnadigt worden waren. Aber bei der Schilderung der Periode der Dezembristen war Tolstoi genötigt, noch weiter zurückzugehen, zu der den Dezembristen vorausgehenden Periode. Er vertiefte sich nach und nach immer mehr in die Ursachen der Erscheinung, die er schildern wollte, in das Familienleben, die Erziehung, die sozialen Umstände der von ihm gewählten Charaktere. So kam er noch weiter zurück, bis zu den Napoleonischen Kriegen, und schilderte das, was uns allen bekannt ist.

Die Idee der Dezembristen wurde nicht aus dem Gesichtskreis verloren und der Leser, der sich der letzten Kapitel aus »Krieg und Frieden« erinnert, in welchen das häusliche Leben von Peter und Nikolai beschrie-

---

4 Die Dezember-Männer.

ben ist, wird finden, wenn er mit der russischen Geschichte bekannt ist, wie kunstvoll der Boden für einen neuen epischen Roman gleicher Art vorbereitet wurde. Vor 1878 hat Tolstoi noch zweimal die Verwirklichung des Projekts wieder begonnen und die ersten Kapitel wurden umgearbeitet, dann aber wieder aufgegeben. In der ersten Abschrift tritt Peter mit seiner Familie in Moskau auf, nach der Rückkehr aus langer Verbannung in Sibirien.

Über den Roman »Krieg und Frieden« sprach sich Tolstoi selbst aus, wie folgt:

1. »Was ist ›Krieg und Frieden‹? Es ist kein Roman, noch weniger eine Dichtung und am wenigsten eine historische Chronik. ›Krieg und Frieden‹ ist das, was der Verfasser nur in dieser Form ausdrücken wollte und konnte, in der es ausgedrückt wurde. Eine solche Ankündigung der Vernachlässigung der gewohnten Form eines prosaischen, künstlerischen Produkts durch den Verfasser könnte als Anmaßung erscheinen, wenn sie beabsichtigt wäre und wenn sie keine Beispiele hätte. Die Geschichte der russischen Literatur aber, von der Zeit Puschkins an, bietet nicht nur viele Beispiele einer solchen Abweichung von der europäischen Form, sondern liefert auch nicht ein einziges Beispiel vom Gegenteil. Von den ›toten Seelen‹ Gogols an und bis zu dem ›toten Hause‹ Dostojewskis gibt es in der neuen Periode russischer Literatur nicht ein einziges künstlerisches, prosaisches, sich über die Mittelmäßigkeit erhebendes Werk, das sich vollkommen der Form des Romans, des Poems oder der Erzählung anschließen würde.«

2. »Der Charakter der Zeit ist, wie mir einige Leser nach dem Erscheinen des ersten Bandes sagten, in

meinem Werk nicht genügend bestimmt. Auf diesen Vorwurf habe ich Folgendes zu erwidern:

Ich weiß, worin dieser Charakter besteht, den man in meinem Roman vermisst, das sind die Schrecken der Leibeigenschaft, das Einmauern von Frauen, das Auspeitschen der erwachsenen Söhne usw.

Diesen Charakter jener Zeit aber, welcher in unserer Vorstellung lebt, hielt ich nicht für wahr und wollte ihn nicht ausdrücken. Ich habe Briefe, Tagebücher, Überlieferungen gelesen und durchforscht und habe alle die Schrecken jener Gewalttaten nicht in höherem Maße gefunden, als heutzutage oder sonst jemals. Auch zu jener Zeit wurde die Wahrheit, die Tugend geliebt und gesucht, und den Leidenschaften gefrönt. Es herrschte dasselbe komplizierte geistlich sittliche Leben, zuweilen noch verfeinerter als jetzt in den höheren Ständen. Wenn sich in unseren Vorstellungen eine Meinung über den Charakter der Eigenmächtigkeiten und der groben Gewalttaten jener Zeit gebildet hat, so geschah dies nur dadurch, dass in den Überlieferungen, Memoiren, Erzählungen und Romanen nur die hervorragendsten Beispiele von Gewalttaten auf uns gekommen sind. Daraus zu schließen, dass der vorherrschende Charakter jener Zeit die Gewalttätigkeit gewesen sei, wäre ebenso ungerecht, wie das Urteil eines Menschen, welcher hinter einem Berge hervor nur die Gipfel der Bäume sieht und daraus schließen wollte, dass es an jenem Ort nur Bäume gebe. Es gibt einen Charakter jener Zeit (wie es einen Charakter jeder Epoche gibt), welcher aus der größeren Entfremdung der höchsten Kreise von den anderen Ständen entsprang, oder aus der herrschenden Philosophie, oder aus Eigentümlichkeiten der Erziehung, oder aus der Gewohnheit, sich der französischen Sprache zu bedienen usw., und diesen Charakter habe ich auszudrücken versucht, so gut ich es verstand.«

3. »Die Namen der handelnden Personen, Bolkonski und Drubezkoi, Bilibin, Kuragin usw. erinnern an bekannte russische Namen. Indem ich die handelnden, nicht historischen Personen mit den anderen, historischen Personen zusammenstellte, fühlte ich, wie ungewohnt es für das Ohr ist, den Grafen Rostoptschin mit dem Fürsten Pronski, Strelski oder mit irgendwelchen anderen Fürsten oder Grafen von erdachten Namen sprechen zu lassen. Bolkonski und Drubezkoi sind nicht Wolkonski und Trubezkoi, klingen aber bekannt und natürlich in einem russischen, aristokratischen Kreis. Ich verstand nicht, für alle Personen Namen zu finden, welche mir nicht zu misstönend für das Ohr erschienen, wie z. B. Besuchi und Rostow, und ich verstand nicht, diese Schwierigkeit anders zu umgehen, als indem ich die dem russischen Ohr vertrautesten Familiennamen wählte und einige Buchstaben in denselben abänderte. Ich würde sehr bedauern, wenn die Ähnlichkeit der erdachten Namen mit wirklichen irgendjemand auf den Gedanken bringen könnte, ich hätte diese oder jene wirkliche Persönlichkeit vorführen wollen, besonders deshalb, weil jene literarische Tätigkeit, die in der Beschreibung wirklich bestehender oder gewesener Personen besteht, mit der nichts gemein hat, mit welcher ich mich beschäftigte.

M.D. Achrosimow und Denissow, das sind ausschließlich Personen, welchen ich unwillkürlich und unabsichtlich Namen gab, die denen von zwei besonders charaktervollen und beliebten, wirklichen Persönlichkeiten der damaligen Gesellschaft sehr ähnlich sind. Das war ein Fehler von mir, welcher durch die besondere Charakterstärke dieser zwei Persönlichkeiten hervorgerufen wurde. Aber dieser Missgriff wurde schon durch die Darstellung dieser zwei Personen begrenzt und die Leser werden wahrscheinlich beistimmen, dass nichts, was der Wirklichkeit ähnlich ist, mit diesen Personen vorging. Alle übrigen Personen sind vollständig erdacht und haben für mich auch keine bestimmten Vorbilder in der Überlieferung oder Wirklichkeit.«

Ungeachtet dieser Aufklärung bestehen die Familienfreunde des Grafen darauf, dass er in der Fürstin Maria Bolkonska ein ideales Porträt seiner Mutter wiedergegeben habe; aber es ist auch möglich, dass die Ähnlichkeit der Namen (seine Mutter war eine Fürstin Maria Wolkonska) so auf ihre Phantasie einwirkte, dass sie auch eine Ähnlichkeit der Charaktere zu finden glaubten.

Eine getreue Beschreibung einer Epoche muss aus der Erforschung von Memoiren, von alten Briefen und aus persönlichen Erzählungen ebenso gewissenhaft abgeleitet werden, wie jeder Historiker mit seinem Material verfährt. Damals lebten in Moskau noch viele alte Leute, welche sich des Brandes von Moskau erinnerten, und Tolstoi selbst musste in seinen jungen Jahren viele gekannt haben, welche mehr oder weniger Anteil an den Erlebnissen genommen hatten, die die Grundlage seines Romans bilden. Die Fürstin Odojewska sagte mir, einige Damen und besonders ein Fräulein P., eine entfernte Verwandte von Tolstoi und eine gemeinschaftliche Freundin von uns allen, seien sehr nützlich gewesen bei der Aufsuchung alter Moskauer Einwohner und bei der Aufzeichnung ihrer Erzählungen und Anekdoten. In Wirklichkeit hat sich die Gesellschaft bis zu den Zeiten des Krimkrieges in Moskau und auf dem Lande so wenig verändert, dass, da Tolstoi nur das beschrieben hat, was er selbst gesehen, diese Beschreibung auch für die vorhergehende Periode richtig wäre. Darin würde aber der Zeitgeist gefehlt haben, von welchem die Menschen von 1812 beseelt waren.

Die Angabe der Quellen vermindert das Verdienst des Romanschriftstellers so wenig, wie das des Historikers. Zuweilen ist es leicht zu sehen, welchen Einflüssen der Verfasser von »Krieg und Frieden« sich hingegeben hat. Die Geschichte und der Einfluss der Freimaurerei Russlands war gerade zu jener Zeit ein neuer Gegenstand der Forschung, als die Hindernisse für das Studium der Geschichte und für die Kritik nach und nach sich abschwächten. Das Lesen einer ganzen Reihe von Aufsätzen im »Russischen Boten« über die Freimaurerei zur Zeit Katharinas und des Buchs von Longinow über »Nowikow« machten Peter zu einem Freimaurer. Und in der Folge wurden Angaben gefunden in einer großen Sammlung freimaurerischer Bücher und Embleme und aller Art von Kram im öffentlichen Museum in Moskau, in welchem ein großer Teil der Archive und Geräte der russischen Freimaurerlogen aufbewahrt wird, seitdem sie geschlossen und ihre Papiere konfisziert worden sind.

Ein Zug im letzten Teil des Romans, die Unentschlossenheit der Frau Peters, der Gräfin Helene, bei der Wahl eines zweiten Mannes, beruht auf einem Vorfall in Petersburg aus jener Zeit, als der Roman seinem Ende entgegenging. In eine Dame namens A., welche auch noch nicht von ihrem Manne geschieden war, hatten sich zwei Verehrer heiß verliebt.

Der Vicomte Vogué scheint in seinem interessanten Werk »Le Roman russe« sich vorzustellen, dass die Beschreibung der Schlachten bei Tolstoi Nachahmungen einer Darstellung der Schlacht bei Waterloo in »Chartreuse de Parme« von Stendal seien, zu welcher die Idee, wie dagegen Saint-Beuve sagt, aus einem englischen Werk entnommen sei: »The Memoirs of a Soldier«, Aufzeichnungen eines Soldaten des 71. Regiments, welcher die Schlacht bei Vittoria mitgemacht hat, ohne davon etwas zu begreifen, ebenso wie Fabrice, der die Schlacht bei Waterloo mitgemacht hatte, sich später selbst fragte, ob er wirklich in der Schlacht gewesen sei und sich geschlagen habe. »La Chartreuse de Parme« mit allen Vorzügen des Werks, ist ein vortreffliches Beispiel dafür, wie man historisch nicht schreiben soll. Tolstoi nahm sich wirkliche Charaktere in den historischen Vorgängen zum Muster; Stendal tat zum Teil dasselbe in »Waterloo« und »Mailand«, aber er stellte leider wirkliche Namen an Stellen, die ganz und gar erdichtet waren. Parma ist in seiner Erzählung in keiner Beziehung, weder in historischer noch topographischer Hinsicht, dem wirklichen Parma ähnlich, es scheint mehr Modena zu gleichen.

Über seine Benutzung der Geschichte sagt Tolstoi:

»Der Geschichtsschreiber und der Künstler, der eine historische Epoche beschreibt, haben zwei vollkommen verschiedene Ziele. Wie der Historiker nicht richtig handelt, wenn er sich bemüht, eine historische Person in ihrer Gesamtheit, in ihren sämtlichen Beziehungen zu allen Seiten des Lebens darzustellen, so erfüllt auch der Künstler nicht seine Aufgabe, wenn er eine Person immer in ihrer historischen Bedeutung darstellt. Kutusow hat nicht immer mit dem Fernrohr in der Hand auf die Feinde gedeutet und ein weißes Pferd geritten. Rostoptschin hat nicht immer mit einer Fackel das Woronowsche Haus angezündet (er hat das überhaupt niemals getan), und die Kaiserin Maria Feodorowna stand nicht immer im Hermelinmantel da, mit der Hand auf das Gesetzbuch gestützt, wie eine irrige Auffassung sie darstellt.

Es ist auch überflüssig, zu sagen, dass jede Schlacht von den Gegnern fast immer in ganz entgegengesetzter Weise dargestellt wird. Bei jeder Beschreibung einer Schlacht ist die Lüge eine Notwendigkeit, welche aus der Notwendigkeit hervorgeht, mit einigen Worten die Handlungen von Tausenden von Menschen zu beschreiben, welche auf einige Kilometer zerstreut waren, sich in der höchsten moralischen Aufregung befanden, unter dem Einfluss des Schreckens, der Wut und des Todes.

In den Beschreibungen von Schlachten wird gewöhnlich gesagt, diese oder jene Truppen seien zum Angriff auf einen Punkt geführt worden und dann sei befohlen worden, sich zurückzuziehen usw., als ob man voraussetzen könnte, dass dieselbe Disziplin, welche Zehntausende von Menschen dem Willen eines einzigen unterwirft, dieselbe Wirkung auch haben könnte, wenn es sich um Leben und Tod handelt. Jeder, der im Krieg war, weiß, wie unwahr das ist[5],

---

5 Nach dem Druck meines ersten Teils, mit der Beschreibung des Gefechts bei Schöngraben wurde mir eine Äußerung von Nikolai Nikolajewitsch Murawjew Karski über diese Beschreibung der Schlacht mitgeteilt, welche mich in meiner Überzeugung bestärkt hat. Murawjew Karski, der Oberkommandierende, äußerte, er habe niemals eine richtigere Beschreibung der Schlacht gelesen, und er habe sich durch seine Erfahrungen davon überzeugt, wie

aber dennoch wird auf diese Voraussetzung der Bericht gegründet und auf diesen die Beschreibung des Krieges.

Wenn man sogleich nach der Schlacht oder auch noch am zweiten oder dritten Tage zu allen Truppen reitet, noch bevor der Bericht geschrieben ist, und alle Soldaten und die oberen und niederen Anführer befragt, wie die Schlacht verlief, – werden sie erzählen, was sie empfunden und gesehen haben, und wir erhalten einen majestätischen, komplizierten, unendlich verschiedenartigen und schweren, unklaren Eindruck, und von niemand, am wenigsten von dem Oberkommandierenden, kann man erfahren, wie die ganze Schlacht verlief. Aber nach zwei, drei Tagen fängt man an, Berichte abzufassen; die Schwätzer beginnen dann Dinge zu erzählen, von denen sie nichts gesehen haben. Endlich wird der Generalbericht zusammengestellt und nach diesem Bericht bildet sich die öffentliche Meinung der Armee. Jedem dient es zur Erleichterung, seine Zweifel und Fragen gegen diese falschen, aber klaren und immer schmeichelhaften Darstellungen zu vertauschen. Fragt man einen Menschen, der an der Schlacht teilgenommen hat, nach einem oder zwei Monaten, so findet man in seiner Erzählung nicht mehr jenes frische, lebendige Material, das früher darin enthalten war, sondern er erzählt jetzt nach dem Bericht. So haben mir viele lebhafte, verständige Teilnehmer an der Schlacht bei Borodino davon erzählt. Alle sagten dasselbe und alle nach der unrichtigen Beschreibung von Michailowski-Danilewski oder nach Glinka und anderen. Selbst in

---

unmöglich die Ausführung eines Befehls des Oberkommandierenden während einer Schlacht ist.

Kleinigkeiten stimmten sie überein, obgleich sich die Erzähler in einer Entfernung von einigen Kilometern voneinander befanden.

Nach dem Verlust von Sewastopol sandte mir der Oberkommandierende der Artillerie, Krüschanowski, die Berichte der Artillerieoffiziere von allen Bastionen und ersuchte mich, aus diesen mehr als zwanzig Meldungen einen einzigen Bericht zusammenzustellen. Ich bedaure, dass ich diese Meldungen nicht abgeschrieben habe; das waren die besten Proben jener naiven, notwendigen kriegerischen Lügen, aus welchen eine Beschreibung gebildet wird. Ich glaube, viele jener Kameraden, welche damals diese Meldungen abfassten, werden beim Lesen dieser meiner Bemerkung darüber lachen, in der Erinnerung daran, wie sie auf Befehl manches geschrieben haben, was sie gar nicht wissen konnten. Alle, welche einen Krieg mitgemacht haben, wissen, wie sehr die Russen dazu befähigt sind, ihre Pflicht im Krieg zu tun, wie wenig sie aber dazu geeignet sind, eine Beschreibung zu liefern, mit der dabei notwendigen, prahlerischen Lüge. Alle wissen, dass in unserem Heer die Pflicht, Berichte und Meldungen abzufassen, meist den Nichtrussen zufällt.

Aber außer der Unvermeidlichkeit der Unwahrheit bei der Darstellung historischer Ereignisse fand ich bei den Historikern jener Epoche, mit der ich mich beschäftigte (wahrscheinlich infolge der Gewohnheit, die Ereignisse zu gruppieren, kurz und in tragischem Ton darzustellen), eine besondere Art von Pathos, in welchem oft Lügen und Verdrehungen, nicht nur auf die Ereignisse, sondern auch auf das Verständnis der Bedeutung des Ereignisses übergehen. Beim Studium der zwei wichtigsten historischen Werke jener Epoche von Thiers und Michailowski-Danilewski geriet ich oft in Verwunderung darüber, wie diese Bücher gedruckt und gelesen werden konnten. Nicht nur habe ich die Darstellung desselben Ereignisses in ernstestem, überzeugendstem Ton, mit Berufung auf Materialien in beiden Werken oft diametral entgegengesetzt und oft direkt widersprechend gefunden, sondern ich traf bei diesen Historikern solche Beschreibungen, dass ich nicht wusste, ob ich lachen oder weinen sollte, bei dem Gedanken, dass diese beiden Bücher die einzigen Denkmäler jener Epoche sind und von Millionen gelesen werden. Ich will nur ein Beispiel aus dem Buch des berühmten Thiers anführen:

Er erzählt, wie Napoleon 1812 falsches, russisches Papiergeld mitbrachte, um Russland zu schädigen und sagt:

›Relevant l'emploi de ces moyens par un acte de bienfaisance digne de lui et de l'armée française, il fit distribuer des secours aux incendiés. Mais les vivres étant trop précieux pour être donnés longtemps à des étrangers, la plupart ennemis, Napoléon aima mieux leur fournir de l'argent et il leur fit distribuer des roubles papier.‹

Um die Anwendung dieses Mittels durch einen seiner und der französischen Armee würdigen Akt der Wohltätigkeit wieder gut zu machen, ließ er Unterstützungen an die Abgebrannten verteilen. Aber da die Lebensmittel zu kostbar waren, um lange an Fremde verteilt werden zu können, von denen die meisten Feinde waren, zog Napoleon vor, ihnen Geld zu geben und ließ Papierrubel an sie verteilen.[6]

Wenn Thiers sich dessen bewusst gewesen wäre, was er sagte, so hätte er sich nicht auf solche Weise über eine derartige, unmoralische Handlung ausgesprochen.«

Dies gab Anlass zu einem langen Streit über die französische Besetzung und über den Brand Moskaus, über welchen sich Tolstoi immer in gleicher Weise mit strengerem Ausdruck aussprach, als später in seinem Roman, wo er die Feuersbrunst nur dem Zufall zuschrieb. Er zeigte mir eine große Bibliothek, welche aus Büchern bestand, die er zu seinen Untersuchungen gesammelt hatte, und wies auf einige interessante Memoiren und Broschüren hin, welche sehr selten und wenig bekannt sind.

Über Rostoptschin sprach er mit großer Verachtung, Rostoptschin leugnete immer, dass er an dem Brand Anteil gehabt habe, bis zu der Zeit, wo er nötig fand, sich zu rechtfertigen. Die Franzosen schrieben den Brand ihm zu, und späterhin als er sich in Frankreich befand, nach der Restauration, wurde ihm die Anstiftung als ein ruhmvoller Akt der Vaterlandsliebe zugeschrieben. Anfangs nahm er das mit Bescheidenheit hin, später aber prahlte er schamlos damit. Die Legende bildete sich rasch, zum Teil durch den Chauvinismus der französischen Geschichtsschreiber, zum Teil durch den Einfluss der Segurs (von welcher einer mit seiner Tochter verheiratet war) und ihrer zahlreichen Verwandten und Nachfolger.

---

6 Natürlich von diesen gefälschten Rubeln. (Der Übersetzer.)

Graf Leo Tolstoi bestand auf der Genauigkeit und besonders auf der Gewissenhaftigkeit in Bezug auf die Geschichte und sagte:

»Überall in meinem Roman, wo historische Personen sprechen und handeln, habe ich nichts erdichtet, sondern Materialien benützt.«

Davon ging das Gespräch auf die Wirksamkeit historischer Persönlichkeiten und Vorgänge über. Alles das ist später so ausführlich in dem Nachwort zu »Krieg und Frieden« ausgesprochen worden, dass es überflüssig ist, das hier zu wiederholen.

In seinen früheren Erzählungen hat Tolstoi immer lebhafte, realistische Beschreibungen der Örtlichkeiten und der Personen mit moralischen und metaphysischen Beurteilungen der Charaktere vereinigt, sodass der Leser sich unwillkürlich sagt:

»Das ist eine wirkliche Persönlichkeit, das ist ein wirkliches Erlebnis, der Verfasser muss diese Phasis durchlebt haben, um sie so schön zu beschreiben.«

Tolstoi hat lachend, aber in allem Ernst seine drei Skizzen: »Die Kindheit«, »Knabenalter« und »Jünglingsalter«, welche in neulich erschienenen Übersetzungen »Souvenirs à mes mémoires« genannt wurden, jeden autobiographischen Charakter abgesprochen. In der Tat entsprechen auch die in dem Buch erzählten Abenteuer keineswegs den Tatsachen im Leben Tolstois, weder die moralische, noch die geistige Entwicklung von Irtenjew stimmt mit dem überein, was Tolstoi später über sich selbst in seiner »Beichte« gesagt hat.

Jetzt, nachdem Tolstoi eine Persönlichkeit in der religiösen Welt geworden ist, wurden seine Erzählungen und Novellen Gegenstand eines sorgfältigen Studiums für viele, welche darin mehr als ihren künstlerischen Wert suchten und obgleich darin auch Spuren der Ideen aus dem Leben zu finden sind, welche in seinem mystischen Werk so stark entwickelt sind, wurde ihnen ein autobiographischer Charakter beigelegt. So hat man Tolstoi in seinen »Kosaken«, in »Krieg und Frieden«, in »Anna Karenina« gefunden, in den Charakteren von Olenin, von Peter, von Lewin.

Aber zwischen den Darstellungen eines kleinen Teilchens aus dem Leben eines Schriftstellers und einer Autobiographie ist ein großer Unterschied. Diese beständige Sucht, die Persönlichkeit des Autors in seinen Helden zu sehen, möge der Autor Byron oder Tolstoi sein, erscheint mir als eine Entstellung der Wahrheit oder eine Entstellung der Kritik. In »Kindheit«, »Knabenalter«, »Jünglingsalter« sind russische Familien so genau und schön gezeichnet, dass die Wahrheit dieser Beschreibung von jedem Russen dieser Gesellschaftskreise und jedem Fremdling sogleich erkannt wird, der das Glück hat, mit kinderreichen russischen Familien befreundet zu sein.

Indem ich dieses Buch zwanzig Jahre später nochmals lese, fallen mir einige Dinge jetzt auf als Besonderheiten des russischen Lebens, welche mir damals so natürlich erschienen und unbemerkt vorübergingen. Zum Beispiel: Nikolai Irtenjew, fünfzehn Jahre alt, setzt sich in den Schlitten, um zur Beichte zu fahren, und sagt, zum ersten Mal in seinem Leben befinde er sich allein auf der Straße, ohne den Onkel oder ein Mitglied seiner Familie, da die in seinem Zimmer wohnenden Pädagogen ihn zur Schule führen und von dort wieder nach Hause und jede seiner Bewegungen beobachten. Das alles ist so gewöhnlich im

Leben jedes wohlerzogenen russischen Knaben, ebenso wie in allen anderen Ländern, dass einem Fremden, selbst einem Amerikaner, der mit dem russischen Leben bekannt geworden ist, dabei nichts auffällt.

In dem Charakter dieses Buchs hat Tolstoi mithilfe einiger Erinnerungen und einer lebhaften Einbildungskraft sich einfach bemüht, sich selbst an die Stelle der Knaben zu stellen, mit denselben Ideen, welche, wie er glaubte, sie damals beherrscht haben müssten.

Ein Jüngling, welcher mehr als andere Tolstoi gleicht, ist nicht Irtenjew, sondern Fürst Nechludow, welcher mit einigen, dem Verfasser eigenen Ideen in mehreren Erzählungen vom Kaukasus, in dem »Morgen eines Gutsherrn« und in »Luzern« erscheint. Als der Verfasser dieses Werk schrieb, war er im Kampf mit einigen der großen Aufgaben des menschlichen Lebens und schuf »Olenin«, »Peter« und »Ljowin« mit den ihm selbst eigenen Ansichten, aber ohne die Absicht, ihnen ein Teilchen seiner Persönlichkeit zu verleihen.

Während meines Besuchs zum Beispiel war Tolstoi noch immer beschäftigt mit der Erforschung der Freimaurerei und las fleißig die mystischen Werke von Nowikow und anderen, zu dem ausschließlichen Zweck, eine psychologische Geschichte der ersten Zeit dieses Jahrhunderts zu beginnen, aber durchaus ohne die Absicht, den höchsten Nutzen dieser Meinungen für die Menschheit zu erforschen. Er las einfach heraus – oder wenn man will, er suchte heraus – den Charakter Peters und man darf sich die Teilnahme Peters an der Freimaurerei nicht als ein Erlebnis oder einen geistigen Prozess Tolstois vorstellen.

Der Erzählung »Die Kosaken« lag, wie mir Tolstoi versicherte, eine wahre Geschichte zugrunde. Dieselbe wurde ihm einmal in der Nacht von einem Offizier erzählt, mit dem er zusammen reiste und nicht einmal im Kaukasus, sondern im nördlichen Russland. Das, was er geschrieben hat, war übrigens nur der erste Teil, und er hoffte immer, auch das Übrige einmal schreiben zu können. Übrigens ist es vielleicht besser so. Als Bruchstück ist es vorzüglich, es ist eine Idylle und nicht eine vollständige Geschichte.

Ich erzählte Tolstoi von meiner ersten Bekanntschaft mit Turgénjew in Baden-Baden ein Jahr zuvor, der mir geraten hatte, wenn ich einmal etwas mehr tun wolle, »Die Kosaken« zu übersetzen, die er für das entzückendste und vollkommenste Produkt der russischen Literatur hielt. Ich bat Tolstoi, mir Erlaubnis zur Übersetzung zu geben, die auch gern erteilt wurde, aber zuvor versuchte ich, einen Teil aus »Sewastopol« zu übersetzen, sodass ich »Die Kosaken« erst anfing, als ich meine Stellung wechselte. Verschiedene Pflichten nötigten mich dann, die Beendigung meiner Übersetzung zehn Jahre lang aufzuschieben.

IV.

Tolstoi beklagte tief den Tod Turgénjews, und wenn er von seiner zarten, liebenswürdigen Natur sprach, bedauerte er, dass dieser im höchsten Sinne so künstlerisch veranlagte und Russland so ergebene Schriftsteller seine besten Jahre im Ausland verleben musste, fern von den aufrichtigen Freunden und fern von der eigenen Familie.

»Er war bis zum Ende seines Lebens ein unabhängiger, forschender Geist,« sagte Graf L. N. Tolstoi über Turgénjew zu Danilewsky, »und ungeachtet unseres früheren, vorübergehenden Zwistes habe ich ihn immer hoch geschätzt und heiß geliebt. Das war ein wahrer, selbständiger Künstler, der sich nie dazu erniedrigte, mit Bewusstsein den vorübergehenden Erfordernissen des Augenblicks zu dienen. Er konnte irren, aber seine Irrtümer waren aufrichtig.« (Danilewskys Besuch in Jasnaja Poljana.)

Als ich Tolstoi half, seine Bibliothek in Ordnung zu bringen, fand es sich, dass die gesammelten Werke Auerbachs den ersten Platz auf dem ersten Brett einnahmen. Tolstoi nahm zwei Bände von »Ein neues Leben« heraus und sagte mir, ich solle sie beim Schlafengehen lesen als ein sehr bemerkenswertes Buch.

»Diesem Schriftsteller habe ich es zu verdanken,« fügte er hinzu, »dass ich darauf kam, eine Schule für meine Bauern zu eröffnen und mich für die Volksaufklärung zu interessieren. Als ich zum zweiten Mal nach Europa zurückkehrte, besuchte ich Auerbach, ohne meinen Namen zu nennen. Als ich ins Zimmer trat, sagte ich: ›Ich bin Eugen Baumann,‹ und als er mich zweifelnd ansah, beeilte ich mich hinzuzufügen:

›Nicht wirklich dem Namen nach, aber dem Charakter nach.‹ Dann sagte ich ihm meinen wahren Namen, und wie seine Werke mich zum Nachdenken veranlasst, und wie gut sie auf mich eingewirkt haben.«

Ein Zufall veranlasste mich im folgenden Winter einige Tage in Berlin zu verweilen, wo ich in dem gastfreundlichen Hause des amerikanischen Gesandten Bankroft das Vergnügen hatte, Auerbach zu treffen, mit dem ich während meines Aufenthalts in Berlin näher bekannt wurde. Im Gespräch über Russland sprachen wir auch über Tolstoi, und ich erinnerte ihn an dessen Besuch.

»Ja,« sagte er, »ich erinnere mich recht wohl, wie ich erschrocken bin, als dieser seltsam aussehende Herr mir sagte, er sei Eugen Baumann. Ich befürchtete, er wolle mich mit einer Schmähschrift oder einer Verleumdung bedrohen.« –

Ein neues Leben« führte uns natürlicherweise dazu, von den Bauernschulen zu sprechen, sowie überhaupt vom Bauernstand und von den Ergebnissen der Aufhebung der Leibeigenschaft. Der Graf sagte mir von einem Bauerndorf, das bei den umgestürzten Säulen der großen Parkpforte belegen sei.

»Die Häuser waren armselige, einstöckige Hütten,« – ich entnehme dies aus einem meiner Briefe, den ich damals in Jasnaja Poljana geschrieben habe, und welcher in der Evening Post in New York abgedruckt worden ist. »Sie waren meist aus Balken gebaut; steinerne Häuser wurden nicht für warm genug gehalten.

Der Eingang war im Inneren des Hofes, auf dessen einer Seite der Stall für das Vieh und die Pferde, aus Flechtwerk und mit Stroh gedeckt, stand, während auf der anderen Seite eine Türe in die Hütte führte, welche gewöhnlich aus einem Zimmer mit zwei kleinen Fensterchen besteht, mit Vorfenstern der Kälte wegen. Hier gibt es keine Decke, und das Zimmer ist offen bis zu dem die Hütte bedeckenden Strohdach. In manchen Hütten besteht der Fußboden aus Erde, meist aber aus Backsteinen oder Holz. Der große Backsteinofen unterhält die Wärme im Haus. Selten ist hier mehr als ein Stuhl zu finden, aber längs der Wände des Zimmers steht eine roh gezimmerte Bank. Hinter einem Schirm steht eine Art von Bett für den Herrn des Hauses und eine Wiege, das heißt, ein quadratförmiges Brett, das an vier Stricken hängt, welche an den vier Ecken angebunden, und durch Knoten verstärkt sind, ähnlich einer Wagschale. Hier in der einen Ecke ist ein Eckbrett befestigt, auf welchem das gewöhnliche Heiligenbild steht, mit einer kleinen brennenden Lampe davor. Außer hölzernem Geschirr sieht man keine Geräte, die Familien sind immer groß, und die Leute schlafen auf dem Ofen, auf der Bank oder auf dem Fußboden. Hier ist es gebräuchlich, dass junge verheiratete Familienglieder in den Scheunen oder auf dem Hof schlafen, sogar im Winter, obgleich sie dann am Morgen mit Schnee bedeckt sind. Im Norden Russlands, wo es Wald im Überfluss gibt, haben die Bauern große und bessere Hütten und mehr Hausgerät, obgleich sie gegenwärtig ärmer sind. Alle Bauernhütten, die ich an der Wolga oder sogar zweihundert Kilometer weiter im Gouvernement Samara gesehen habe, wo der Wald so selten ist, dass man zum Heizen Dünger verwendet, sind bedeutend größer und bestehen gewöhnlich aus zwei oder sogar drei Zimmern, welche mehr Hausgerät enthalten. Man findet auch hübsche, geschnitzte

Eckbretter für die Heiligenbilder und für irdene Geschirre.

Eines Abends besuchte ich einen alten Bauern in einer dieser Hütten. Das Zimmer war von einem Kienspan erleuchtet, welcher hell brannte. Dieses schmale Stückchen Holz war mit drei Nägeln am oberen Teil eines Brettes befestigt, aber da jeder Kienspan nicht länger als zwei Minuten brennt, so musste ein kleines Mädchen dieselben beständig erneuern. Die Asche wird in einem irdenen Geschirr gesammelt. Eine alte Frau webte grobe Leinwand mit einer rohen Maschine, ein alter Mann flocht gewandt Pantoffeln oder Schuhe aus Lindenbast, welchen die Bauern gewöhnlich dazu verwenden. Es war höchst interessant zu sehen, wie ein Bauer Wolle schlug. Er befestigte an der Wand ein großes, starkes Krummholz, das durch einen starken Strick zusammengezogen wurde. Er hielt den Strick in beständiger Bewegung, indem er mit einem schweren Holz mit Einschnitten auf die Wolle schlug. Bei jeder Schwingung erfasste der Strick Wolle, riss sie aus und warf sie auf den Fußboden als schneeweiße Flocken wie Seifenwasser, sie war so schön ausgekämmt wie mit der Maschine.[7] Das war das Gewerbe dieses Bauern, welcher von Haus zu Haus ging und vielleicht anderthalb Rubel täglich verdiente, wenn er beständig Arbeit hatte. Die Ankunft eines Wollschlägers ist ein wahrer Feiertag im Hause, weil er gewöhnlich ein lustiger Bursche ist und zur Musik seiner gespannten Saite singt.

»Der Winter ist die geistige Saison für den russischen Bauern, wie für den Bauer in der ganzen Welt. Am

---

7 Ein ganz ebensolches Instrument wird im mittleren Asien zum Auskämmen der Baumwolle angewendet. (Der Verfasser.)

15. September fängt man an, Kerzen anzuzünden, und von dieser Zeit an arbeitet man abends, während die alten Weiber Märchen erzählen, und die jungen singen. Gewöhnlich versammeln sich die jungen Mädchen zum Singen und Spinnen, und jeden Abend gehen sie in ein anderes Haus. In dieser Hütte war ein sehr kluger Bursche von etwa vierzehn Jahren, welcher etwas von Amerika wusste und eine vortreffliche Elementarbildung besaß. Im Dorf gab es keine Kirche, aber auf halbem Wege von demselben bis zum nächsten Gut steht eine schöne, alte Kirche auf den Namen des heiligen Nikolai Muraweenik (Ameisenbär), so genannt nach einem wundertätigen Bilde des heiligen Nikolai, das angeblich in einem Ameisenhaufen in der Nachbarschaft gefunden worden ist. Der Pope, sagte man mir, habe durchaus keinen Einfluss auf seine Herde, die Bauern sind gottesfürchtig, verehren aber mehr die Gutsbesitzer als die Geistlichen und unterwerfen sich dem Einfluss beider auf gut Glück. Hier wie in allen Dörfern, welche nahe der großen Straße liegen, ist die Sittlichkeit nicht gut; die Frauen werden frühzeitig demoralisiert durch vorübergehende Soldaten. Was die Trunkenheit betrifft, so ist sie nicht schlimmer und nicht besser als in anderen Dörfern. Die Bauern sind fast alle Fuhrleute, also Kutscher und Frachtfuhrleute, und haben die Mängel dieses Standes. Deshalb wird auch das ganze Land zum größten Teil durch die Weiber bearbeitet.«

Ich fragte den Grafen Tolstoi nach seiner Ansicht von dem Einfluss der Aufhebung der Leibeigenschaft auf das Volk. Er sagte, er sei einer der Verteidiger dieser Maßregel und einer der Ausführer derselben – ein »Friedensvermittler« – gewesen, jetzt aber (1868) glaube er, diese Maßregel sei verfrüht gewesen, sie sei nur nach theoretischen Ansichten ausgeführt worden und nicht wie im westlichen Europa auf Verlangen des Volks oder infolge zwingender Umstände. In Bezug auf die materielle Lage der Bauern glaube er, dass die Emanzipation schädlich gewesen sei. Er schließe immer auf den Wohlstand eines Dorfes nach der Zahl der Haustiere und zählte diese immer, wenn er durch ein Dorf fuhr, aber er habe immer bemerkt, dass die Zahl sich beständig verringere. Seine Bauern haben drei Dessjätinen Land auf die Seele in gemeinsamem Besitz und bezahlen dafür an Abgaben drei Rubel von der Dessjätine, sie haben das Recht, dieses Land zu fünfzig Rubel für die Dessjätine zu kaufen und können sogar Land für dreißig Rubel kaufen, aber soviel er wisse, habe kein einziger Bauer in seinem Kreis Land gekauft und sich darauf angesiedelt, wie in anderen Dörfern, obgleich viele derselben keinen Mangel an Mitteln haben. Die Bauern arbeiten gern so wenig als möglich und ziehen es vor, den größten Teil ihrer Zeit in den Schenken zuzubringen. Unglücklicherweise waren gerade zur Zeit der Aufhebung der Leibeigenschaft die Preise der Getränke sehr niedrig, wodurch die Trunksucht befördert wurde. Jetzt schlägt man vor, die Preise aufs Neue zu erhöhen und den Branntweinhandel zu beschränken.

Da ein Roman Auerbachs die Gedanken Tolstois besonders auf den Unterricht des Volks richtete, so entsprach er durch die Eröffnung der Schulen nur dem Zeitgeist – die Philanthropie war damals in Mode – zur Befriedigung seiner eigenen persönlichen Wünsche, Gutes zu tun, Wünsche, wie sie allen liberalen Leuten zu jener Zeit der Emanzipation gemeinsam waren. Im Jahre 1862 bestanden in diesem kleinen Kreis von ungefähr zehntausend Einwohnern etwa vierzehn gute Schulen außer zehn kleinen, wo die Kirchendiener oder alte Soldaten unterrichteten, oder welche nur für die Kinder der Hofleute verschiedener Güter bestimmt waren.

Die von Tolstoi gegründete Schule befindet sich in einem zweistöckigen, steinernen Haus auf seinem Gute, das von dem Dorf durch eine kleine Schlucht getrennt ist. Sie wurde morgens und abends geöffnet und hatte im Durchschnitt etwa vierzig Schüler, Knaben und Mädchen. Einige kamen von weit her aus anderen Dörfern; diese wurden dadurch angezogen, dass der Unterricht ein freier war, und dass die Schule einen guten Ruf besaß. In ihrem letzten Jahr waren vier Lehrer vorhanden, aber Tolstoi unterrichtete oft selbst – eine Zeitlang brachte er dort alle seine Abende zu – in der russischen Sprache und besonders in der biblischen Geschichte, im Gesang und Zeichnen, da er damals Musik und Kunst leidenschaftlich liebte. Diese Schule blühte etwa drei Jahre und starb eines natürlichen Todes, weniger wegen Mangel an Interesse vonseiten Tolstois, als deshalb, weil jedes Kind im Dorf, das nur hundertfünfzig Einwohner hatte, lesen und schreiben gelernt und alle anderen Kenntnisse erlangt hatte, welche für die Wirtschaft genügend erschienen, und demzufolge zu wenig neue Schüler kamen, als dass es gelohnt hatte, die Schule zu unterhalten. Ein Jahr lang krankte die Schule und wurde dann geschlossen. Wahrscheinlich infolge einer missverständlichen Auslegung einer Verfügung des Ministers der Volksaufklärung wurde verboten, neue Schulen zu errichten, wenn die Zahl der Schüler der Regierung ungenügend erschien.

In Verbindung mit dieser Schule gab Tolstoi ein kleines Journal heraus unter dem Titel: »Jasnaja Poljana«, in welchem er sowohl die Schule selbst, als die darin angenommene Lehrmethode beschrieb, sowie auch Ansichten über die Bildung überhaupt und Proben von Werken und Aufgaben für die Schüler mitteilte. Diese Zeitschrift, von der er ein Exemplar für mich zusammensuchte, ist jetzt eine Seltenheit geworden, aber einige Teile derselben nebst Abhandlungen, welche in zwei Journalen gedruckt wurden, sind jetzt im vierten Band seiner gesammelten Werke enthalten. Drei Aufsätze, welche die Schule im November und Dezember 1862 beschrieben, sind ins Französische übersetzt worden und werden mit Vorteil auch von denjenigen gelesen werden, welche sich für Unterricht durchaus nicht interessieren – weil sie Schilderungen der Kinder und des Lebens in einem russischen Dorf enthalten, die den besten Romanen Tolstois gleichkommen. Es sind auch interessante längere Abhandlungen darin enthalten, welche noch nicht übersetzt sind, aber weniger Bedeutung für uns haben, die wir in einer ganz vorzüglichen Phasis der Zivilisation leben.

Höchst interessant ist, was Tolstoi selbst über seine schriftstellerische und pädagogische Tätigkeit sagt in seinem Buch »Meine Beichte« Seite 18:

Als ich aus dem Auslande zurückkehrte und mich auf meinem Gut niederließ, verfiel ich darauf, mich mit den Bauernschulen zu beschäftigen. Zu dieser Wirksamkeit fühlte ich besondere Neigung, weil darin nichts von jenem mir bereits offenbar gewordenen Trug lag, welcher mir schon während meiner schriftstellerischen Lehrtätigkeit klar geworden war. Hier wirkte ich nur im Namen des Fortschrittes. Aber ich verhielt mich bereits kritisch gegen den Fortschritt selbst. Ich sagte mir selbst, dass der Fortschritt selbst in einigen seiner Erscheinungen nicht folgerichtig vor sich ging, und dass ich hier mit Naturmenschen, mit Bauernkindern in vollkommener Unbefangenheit umzugehen habe, indem ich ihnen überlasse, jenen Weg des Fortschritts zu wählen, der ihnen zusagt.

In Wirklichkeit aber quälte ich mich immer noch mit einer und derselben unlöslichen Aufgabe ab, welche darin bestand, zu lehren, ohne zu wissen, was. In den höchsten Sphären der literarischen Tätigkeit hatte ich begriffen, dass man nicht lehren kann, ohne zu wissen, was man lehrt, weil ich sah, dass alle Verschiedenartiges lehrten und durch ihre Streitigkeiten unter sich nur ihre Unwissenheit vor sich selbst verbergen wollten. Hier aber, bei den Bauernkindern, glaubte ich, diese Schwierigkeit dadurch umgehen zu können, dass ich es den Kindern überließ, zu lernen, was sie wollten.

Jetzt denke ich mit Lachen daran zurück, wie ich lavierte in Verfolgung des Ziels meiner Laune, zu lehren, obgleich ich in der Tiefe meines Herzens sehr wohl wusste, dass ich nichts von dem lehren könne, was notwendig ist. Nachdem ich mich ein Jahr lang mit der Schule beschäftigt hatte, reiste ich aufs Neue ins Ausland, um zu erforschen, wie es möglich sei, andere zu lehren, ohne selbst etwas zu wissen.

Und das glaubte ich, im Auslande gelernt zu haben. Ausgerüstet mit dieser großen Weisheit kehrte ich im Jahre der Aufhebung der Leibeigenschaft nach Russland zurück, nahm die Stelle eines Friedensvermittlers an und unternahm es, das ungebildete Volk in den Schulen und die Gebildeten durch das Journal zu belehren, das ich herauszugeben begann.

Die Sache schien gut zu gehen. Aber ich empfand, dass ich geistig nicht ganz gesund war, und dass das nicht lange so fortdauern könne. Und ich wäre vielleicht damals schon in jene Verzweiflung geraten, welche mich mit fünfzig Jahren überfiel, ohne jene Seite des Lebens, welche von mir noch nicht erprobt worden war und mir Rettung versprach, nämlich das Familienleben.

Während eines Jahres widmete ich mich meinem Amte als Friedensvermittler sowie der Schule und den Journalen und quälte mich so ab, dass ich ganz verwirrt wurde, so schwer wurde mir der Kampf zur Versöhnung der Parteien als Schiedsmann, so trüb erschien mir meine Tätigkeit in den Schulen, so widerlich wurden mir die Winkelzüge eines Redakteurs, welche immer in demselben bestanden, in dem Wunsche, alle zu lehren und das zu verbergen, dass ich nicht wusste, was ich lehren sollte, sodass ich endlich mehr geistig als physisch erkrankte, alles von mir warf und in die Steppe zu den Baschkiren fuhr, um frische Luft zu atmen, Kumys zu trinken und mein tierisches Leben zu pflegen.

Von dort zurückgekehrt, heiratete ich. Die neuen Umstände eines glücklichen Familienlebens zogen mich ganz ab von allem Forschen nach dem allgemeinen Sinne des Lebens. Mein ganzes Leben konzentrierte sich zu jener Zeit auf die Familie, die Frau, die Kinder und demzufolge auch auf die Sorge um die Vermehrung der irdischen Güter. Das Streben nach der Vervollkommnung, welches schon früher durch das Streben nach dem Fortschritt, überhaupt nach dem ›Progress‹, ersetzt worden war, wurde jetzt ganz einfach durch das Streben danach verdrängt, mir das Leben in der Familie so angenehm als möglich zu machen.

So vergingen noch fünfzehn Jahre.

Obgleich mir die Schriftstellerei in diesen fünfzehn Jahren als Nichtigkeit erschien, fuhr ich doch fort, zu schreiben. Ich hatte bereits die Süßigkeiten des schriftstellerischen Ruhmes, beträchtlicher Geldeinnahmen und des Beifalls für unbedeutende Arbeit gekostet und widmete mich demselben als Mittel, um meine materielle Lage zu verbessern und um alle meine Fragen nach dem Sinne des Lebens überhaupt und des meinigen im Besonderen in meinem Herzen zu übertäuben.

Ich schrieb, indem ich das lehrte, was für mich die einzige Wahrheit blieb, dass man nämlich so leben müsse, dass man sich selbst mit der ganzen Familie so behaglich als möglich befinde.

So schildert Tolstoi selbst, wie sein Zustand war, als ich ihn in Jasnaja Poljana besuchte.

Die Schule Tolstois war in vielen Beziehungen frei, weil durchaus kein Versuch gemacht wurde, Ordnung oder Disziplin einzuführen und nur solche Gegenstände gelehrt wurden, welche die Schüler interessierten und nur so weit, als dieses Interesse dauerte. Die große Frage war nach seiner Meinung: Wie soll man lehren oder was kann man lehren?

Zur Lösung dieser Frage half mir eine Art von pädagogischem Takt, den ich besonders infolge meines Eifers für die Sache besaß.

Indem ich sogleich in die engsten, persönlichen Beziehungen zu vierzig kleinen Menschen trat, welche meine Schüler bildeten, (ich nenne sie kleine Menschen, weil ich fand, dass in ihnen dieselben Züge von Scharfblick und ein großes Verständnis des praktischen Lebens, sowie Heiterkeit, Einfachheit und Frühreife waren, welche im Allgemeinen dem russischen Bauer eigen sind) indem ich ihre Eindrucksfähigkeit und ihre Willigkeit zur Erlangung der Kenntnisse, deren sie bedürfen, beobachtete, fühlte ich sogleich, dass die alte kirchliche Lehrmethode sich überlebt hatte, und folgte ihr nicht. Darauf versuchte ich die Methode, welche von pädagogischen Schriftstellern, besonders deutschen, empfohlen wurde, und fand, dass sie sich nicht eignete und – besonders wo man sich bemühte, durch die Anschauung oder das Gehör zu unterrichten – nicht nach dem Geschmack der Schüler war, welche oft darüber lachten. Der Zwang widersprach meinen Ansichten und wenn ich fand, dass der Gegenstand nicht gefiel, so suchte ich etwas der Art, was die Schüler gern lernten. Zu gleicher Zeit versuchte ich auch, auf welchem Wege man diese Gegenstände am besten lehren könnte. Diejenigen, welche meine Schule persönlich kennengelernt haben, haben sie gut geheißen und sich einige meiner Vorstellungen angeeignet, welche ich zuweilen sehr ausführlich in der von mir zu diesem Zweck gegründeten Zeitschrift erörterte, aber ich muss gestehen, dass es mich verdross, – ich war damals jünger – dass meine Ideen nicht angenommen wurden, sowie dass diejenigen, welche offiziell berufen waren für die Interessen der Bildung, es nicht der Mühe wert fanden, sie zu widerlegen, sondern sich vollkommen gleichgültig gegen dieselben verhielten.

Am meisten nahm seine Aufmerksamkeit in Anspruch das Bestreben, die beste Methode zu finden, um die Kinder das Lesen zu lehren. Er fragte mich viel nach den neuen Methoden, welche in Amerika angewendet wurden, und auf seine Bitte konnte ich ihm eine hübsche Auswahl amerikanischer Elementarbücher zum Lesenlernen verschaffen. In einem derselben war die Aussprache verschiedener Vokale und einiger Konsonanten anschaulich durch Buchstaben vorgestellt, welche im Allgemeinen den gewöhnlichen Buchstaben ähnlich waren, aber mit besonderen unterscheidenden Abänderungen, welche sogleich dem Auge auffielen. Diese Bücher versuchte Tolstoi bei Anfertigung seines Abc-Buchs anzuwenden, auf das er viel Zeit verwendete, dessen Gebrauch in der Schule aber von dem Minister der Volksaufklärung verboten wurde.

Tolstoi war nicht einverstanden mit den Prüfungen oder auch nur mit den individuellen Wiederholungen, wenigstens für russische Bauernkinder. Er schien eine Art von arabischer oder überhaupt orientalischer Methode für alle Schüler vorzuziehen, welche zu gleicher Zeit aufsagten. Seine Bemühungen beim Unterricht in der Geschichte und der Geographie waren gänzlich ungenügend, wie er auch wenig Erfolg hatte bei der Anwendung der Lehrbücher von Peter Parley, welche vor fünfzehn Jahren ins Russische übersetzt wurden.

Indem ich die Geschichte vortrug und die russischen patriotischen Gefühle erweckte, welche rasch bis zur Aufregung gelangten, sah ich nicht die Notwendigkeit ein, die Knaben Geschichte und Geographie zu lehren vor ihrem Eintritt in die Universität. Ich sehe darin sogar einen großen Schaden. Später – mag sein.

Eine Ausnahme machte er jedoch für die heilige Geschichte und die Bibel überhaupt, besonders das Alte Testament. Ich kann mir nicht versagen, den Schluss einer der interessantesten Stellen seiner Bemerkungen über die Bibel anzuführen:

Damit der Schüler sich ganz dem Lehrer hingeben kann, muss man ihm eine Seite jenes Schleiers aufdecken, welcher ihm das ganze Entzücken jener Welt des Gedankens, des Wissens und der Poesie verbarg, in die ihn die Lehre einführen soll. Welche Mittel aber haben wir dazu, um vor den Schülern diesen Saum des Vorhangs aufzuheben? Wie ich schon sagte, ich dachte, wie viele denken, es werde mir leicht sein, das zu tun, da ich mich selbst in der Welt befand, in die ich die Schüler einführen sollte und ich lehrte Lesen und Schreiben, ich erklärte die Erscheinungen der Natur und erzählte, wie in den Abc-Büchern, die Früchte der Lehre seien süß – aber die Schüler glaubten mir nicht und entfremdeten sich immer mehr. Ich versuchte, ihnen die Bibel vorzulesen und damit beherrschte ich sie vollständig. Der Saum des Vorhangs war aufgehoben und sie gaben sich mir ganz hin, sie liebten das Buch, die Lehre und mich; ich hatte sie nur weiter zu leiten. Vielleicht war das ein Zufall, vielleicht wären dieselben Resultate erzielt worden, wenn ich auf andere Weise, in einer anderen Schule angefangen hätte – vielleicht – aber dieser Zufall wiederholte sich mit zu großer Beständigkeit in allen Schulen, in allen Familien und die Erklärung dieser Erscheinung ist für mich zu klar, als dass ich ihre Zufälligkeit anerkennen möchte. Um dem Schüler eine neue Welt aufzudecken und, ohne dass er Kenntnisse besitzt, ihn dazu zu bringen, die Kenntnisse zu lieben, gibt es kein besseres Buch als die Bibel. Ich sage das sogar für diejenigen, welche die Bibel nicht als Offenbarung ansehen. Wenigstens kenne ich kein Geistesprodukt, das in so gedrängter, poetischer Form alle jene Seiten des menschlichen Gedankens in sich vereinigt, wie sie die Bibel in sich vereinigt. Alle Fragen der Naturerscheinungen werden durch dieses Buch erklärt, alle die ursprünglichen Beziehungen der Menschen unter sich, der Familie, des Staats, der Religion, werden zum ersten Mal nach diesem Buch begriffen. Die Verallgemeinerung der Gedanken, die Weisheit in kindlich einfacher Form erfasst zum ersten Mal den Geist des Schülers mit seinem Zauber, der Lyrismus der Psalmen Davids wirkt nicht nur auf den Geist der erwachsenen Schüler, sondern außerdem erkennt jeder aus diesem Buch zum ersten Mal den entzückenden Reiz des Epos in seiner unnachahmlichen Einfachheit und Kraft.

Wer hat nicht über die Geschichte Josephs und über seine Begegnung mit seinen Brüdern geweint? Wer hat nicht unter atemloser Spannung die Geschichte des gebundenen und kurz geschorenen Simson erzählt, welcher, um sich an seinen Feinden zu rächen, selbst unterging und sich mit ihnen unter den Trümmern des einstürzenden Tempels begrub. Noch Hunderte solcher Eindrücke haben wir empfangen wie mit der Muttermilch.

Mögen diejenigen, welche die erziehende Bedeutung der Bibel leugnen, welche sie veraltet nennen – mögen sie ein solches Buch ersinnen und solche Erzählungen, welche die Erscheinungen der Natur erklären, entweder aus der allgemeinen Geschichte oder aus der Phantasie, welche ebenso aufgenommen würden wie die biblischen – und dann werden wir zugestehen, dass die Bibel veraltet sei ... Ich bleibe bei meiner Überzeugung, welche vielleicht aus einseitiger Erfahrung hervorging. Ohne die Bibel ist in unserer Gesellschaft die Entwicklung des Kindes und des Menschen undenkbar, ebenso wie sie ohne Homer in der griechischen Gesellschaft undenkbar wäre. Eine allgemein verständliche Übersetzung der Bibel wäre das beste Volksbuch, das Erscheinen einer solchen Übersetzung in unserer Zeit würde eine Epoche in der Geschichte des russischen Volks bilden.

An einer anderen Stelle sagt er über die Mittel, den Kindern Liebe zum Unterricht einzuflößen und über die Art, wie ihre Empfindungen nach und nach auf ihre Familie einwirken, Folgendes:

Ein Vater erzählte mir, wie er einmal eine ganze Kerze verbrannt habe, indem er sie über das Buch seines Sohnes hielt und sowohl das Buch als den Sohn lebhaft belobte. Das war das Neue Testament.

In den belehrenden Werken Tolstois, von welchen ein großer Teil 1862 geschrieben worden ist, findet sich ein zufälliger Paragraph, der die letzte Phasis des Grafen Tolstoi vorher bezeichnet, und in einer Abhandlung, die er nicht später als 1865 geschrieben hat, gesteht er, dass er sich an alles das hält, was früher gesagt wurde. Unter anderem bemerkte er:

Es ist auch möglich, dass das Volk unsere literarische Sprache nicht begreift und nicht begreifen will, weil ihm nichts daran liegt, weil unsere ganze Literatur für dasselbe nicht geeignet ist und es selbst seine Literatur für sich ausarbeitet.

Über die Frage: Soll man die Bauern über die Kunst belehren, sagte er:

Jedes Kind des Volks hat dieselben Rechte – was sage ich – noch größere Rechte auf die Genüsse der Kunst, als wir, die Kinder eines glücklicheren Standes, welche sich nicht in der Notwendigkeit befinden, beständig zu arbeiten und mit allen Bequemlichkeiten des Lebens umgeben sind.

Das Volk des Rechts und der Genüsse durch die Kunst zu berauben, mich, den Lehrer, des Rechts zu berauben, es in jenes Gebiet edler Genüsse einzuführen, nach welchen sein ganzes Wesen mit allen Seelenkräften verlangt – es wäre eine noch größere Sinnlosigkeit. Ich bin zu der Überzeugung gelangt, dass alles, was wir auf diesen beiden Gebieten getan haben, alles auf falschem, ausschließlichem Wege getan wurde, der keine Bedeutung und keine Zukunft hat und im Vergleich mit jenen Anforderungen und selbst mit den Produkten derselben Künste, deren Proben wir im Volk finden, bedeutungslos ist. Ich habe mich davon überzeugt, dass die lyrische Poesie, wie zum Beispiel: ›Ich erinnere mich des wundervollen Augenblicks,‹ die Erzeugnisse der Musik, wie die letzte Symphonie Beethovens – nicht so unbedingt und überwältigend schön sind, als die Lieder von ›Wanka dem Aufseher‹ und das Lied von der ›Wolga, unser Mütterchen‹. Ich bin zu der Überzeugung gelangt, dass Puschkin und Beethoven uns nicht deshalb gefallen, weil in ihnen absolute Schönheit herrscht, sondern weil wir ebenso verdorben sind, wie Puschkin und Beethoven, weil sie in gleicher Weise unserer Reizbarkeit und unserer Schwachheit schmeicheln.

V.

Als ich schon eine ganze Woche in Jasnaja Poljana zu Gast gewesen war, wünschte ich, im Laufe der Abende von meiner Reise an die Wolga zu sprechen und erzählen zu können, wie ich in Kasan von General Juschkow aufgenommen wurde, einem Onkel des Grafen Tolstoi, an welchen er mir liebenswürdigerweise einen Empfehlungsbrief gegeben hatte.

Der alte General hatte den Feldzug 1812 schon als General mitgemacht, obgleich er noch ein junger Mann war, und der Graf hatte mir gesagt, ich werde vielleicht von ihm einige Erzählungen über die Schlacht bei Borodino hören, sowie über den Rückzug der Franzosen und über das Aussehen Moskaus nach dem großen Brand. Tolstoi hat wahrscheinlich einige Erzählungen von Juschkow in seinem Roman »Krieg und Frieden« verwendet.

Ich berichtete, dass ich nichts der Art gehört habe. In Kasan wurde ich in einem sehr guten, wohnlichen Hause empfangen und gab meine Visitenkarte und den Empfehlungsbrief einem Diener, welcher bald zurückkehrte und mich bat, ein wenig zu warten. Während ich wartete, bemerkte ich, dass der Brief noch ungeöffnet auf einem Stuhl lag. Endlich trat der alte, aber kräftig gebaute General ein, mit einem sympathischen Ausdruck großer Gutherzigkeit. Er ersuchte mich, Platz zu nehmen, setzte sich auch und sagte nach einigen Worten: »Sie brachten mir wahrscheinlich einen Brief von meinem Neffen Leo. Wo ist er?«

»Ich glaube, Sie sitzen darauf,« erwiderte ich.

Er stand auf, fand den Brief und reichte ihn mir mit den Worten: »Seien Sie so gütig, ihn mir vorzulesen, ich bin ganz blind.«

Meine Lage war unbehaglich, aber daran war nichts zu ändern. Der Brief war sehr schmeichelhaft und wohlwollend für mich; ich hielt mich für verpflichtet, einen ganzen Abschnitt auszulassen. Jetzt bereue ich, ihn dem Alten zurückgegeben zu haben, anstatt ihn in die Tasche zu stecken und zum Andenken aufzubewahren.

Im nächsten Zimmer standen zwei Pianos, und auf einige Fragen sagte mir der General, er sei immer ein leidenschaftlicher Musikfreund gewesen und habe daher auch alle seine Kinder das Spielen und Singen gelehrt, jetzt aber sei er alt und blind, während sie für immer nach Petersburg gereist seien und ihn ganz allein gelassen haben. Ich bat ihn, etwas auswendig aus Beethoven oder Mozart zu spielen, dann gingen wir in den Garten und setzten uns in den Sonnenschein. Während der zwei Stunden, die ich bei ihm zubrachte, erzählte er mir viel Interessantes, aber nicht das, was ich wünschte.

Am folgenden Morgen um vier Uhr, nachdem ich diese Erzählung dem Grafen Tolstoi mitgeteilt hatte, wurde ich durch ein Geräusch im Korridor aufgeweckt; plötzlich öffnete sich die Tür meines Schlafzimmers. Ich glaubte, dass aus unbekannter Veranlassung ein Diener eingetreten sei, um mich zu wecken und rief: »Wer ist da?«

Die Tür wurde wieder geschlossen und ich hörte eine Stimme französisch sagen: »Ilja, in meinem Bett liegt jemand.« Von Neuem wurde die Tür geöffnet und ein

Herr erschien mit einer Kerze in der Hand und fragte: »Serescha, bist Du da?«

»Nein,« erwiderte ich. »ich bin ein Gast in diesem Hause.«

Er lachte, entschuldigte sich und ging. Meine Sinne waren damals so scharf, dass ich die darauf folgende Verfügung vernahm; sie werde in den Salon gehen und auf dem Diwan schlafen, solange die Familie oben sei, inzwischen könne sie auch auf dem Diwan im Kabinett des Grafen schlafen.

Ich begriff sogleich die Situation. Ich hatte das Zimmer von Frau Juschkow, der Tante des Grafen, eingenommen und war eingeladen worden, eine Woche zu bleiben bis zu ihrer Rückkehr. Sie war ohne vorherige Nachricht zurückgekehrt und hatte eine Freundin mitgebracht. Da die Türen der russischen Landhäuser während der Nacht selten geschlossen werden, so waren sie bis in mein Zimmer gelangt, ohne zu vermuten, dass sie dort jemand aufwecken werden.

Ich erfuhr die Wahrheit, als Iwan mir am Morgen den Tee brachte. Ich packte sogleich meine Sachen ein, um an demselben Tag zur Abfahrt bereit zu sein. Als ich um elf Uhr hinabging zum Morgenkaffee, fand ich im Salon Frau Juschkow allein und musste mich selbst vorstellen. Wie es schien, hatte man ihr, wahrscheinlich um die Sache aufzuklären, schon von mir gesagt.

»Sie waren also im letzten Frühling in Kasan,« sagte sie lächelnd, »und haben meinen Mann gesehen, der Ihnen sagte, er sei ganz blind? Ich kann Ihnen versichern, dass kein wahres Wort daran ist, er sieht so gut wie Sie und ich. Das ist nur so eine Art, um sich interessant zu machen.«

Ich versicherte, nach meiner Ansicht sei er wirklich blind, konnte sie aber nicht überzeugen. Tolstoi sagte mir später, obgleich sie in den freundschaftlichsten Beziehungen zu ihrem Manne lebe, habe sie sich doch schon lange von ihm getrennt und ihn schon einige Jahre lang nicht gesehen. Ich hatte mich bereits davon überzeugt, dass sie ihn in der letzten Zeit nicht gesehen hatte.

Der Morgen war warm und regnerisch, doch später erschien die Sonne, und der fremde Herr, der sich für einen alten Freund der Familie ausgab und mit welchem Frau Juschkow lebte, begleitete mich bis Tula.

Zuweilen wechselte ich noch Briefe mit Graf Tolstoi, aber er kam nicht nach Moskau, während ich dort war, sodass dies das letzte Mal war, dass ich ihn gesehen habe.

Nachwort.

Nach dem Vorhergehenden zu urteilen, schien es mir niemals, dass Grund zur Annahme vorhanden sei, dass die jetzige Phasis mystisch-religiöser Verzückung, welche Graf Tolstoi durchmacht, sein ganzes Leben lang anhalten werde, oder dass er für immer für die Literatur verloren sei. Ein großer Teil der Fremden, die ihn besucht und ihre Eindrücke beschrieben haben, interessierten sich mehr für seine sozialen und religiösen Theorien, als für die russische Literatur. Deshalb war es mir angenehm, in einer Erzählung des Romanschriftstellers G. P. Danilewsky, der Jasnaja Poljana im Herbst 1886 besucht hatte, zu finden, dass Graf Tolstoi sich gegen früher im Ganzen wenig verändert habe und dass er gegen seinen alten Freund dasselbe Interesse für Kunst und Literatur aussprach, das ihn immer beherrschte. Ich führe einige Bruchstücke an:

Die Unterhaltung mit dem Grafen über die Vergangenheit und Gegenwart wurde unterbrochen durch einen schönen fuchsroten Hühnerhund, welcher hereinkam und sich zu den Füßen seines Herrn niederlegte.

»Ist das nicht Laska?« fragte ich, indem ich mich an Tolstois Roman »Anna Karenina« erinnerte.

»Nein, Laska ist tot; dies ist der Jagdhund meines älteren Sohnes.«

»Und Sie gehen auch auf die Jagd?«

»Das habe ich schon lange aufgegeben, obgleich ich jeden Tag auf das Feld und in die benachbarten Wälder gehe. Welcher Genuss, sich von geistiger Beschäftigung durch einfache, physische Arbeit zu erholen! Jeden Tag, je nach der Jahreszeit, grabe ich in der Erde, hacke Holz und säge es, arbeite mit der Sense, mit dem Hobel oder einem anderen Werkzeug.«

Ich erinnerte mich einer Kiste mit Schuhmacherleisten im Empfangszimmer des Grafen.

»Ah! die Arbeit mit dem Pflug!« fuhr der Graf fort. »Sie glauben nicht, was für ein Vergnügen es ist, zu pflügen. Es ist keine schwere Kunst, wie es vielen scheint – ein reines Vergnügen! Man geht dahin, indem man den Pflug lenkt, und bemerkt nicht, wie eine Stunde und die zweite und die dritte vergeht. Das Blut strömt lebhaft durch die Adern, der Kopf wird hell, man fühlt die Füße nicht mehr unter sich. Und dann der Appetit und der Schlaf! Wenn Sie nicht zu müde sind, wollen Sie nicht vor Tisch einen Spaziergang machen und Pilze suchen? Vor Kurzem sind hier Strichregen gefallen, jetzt muss es schöne, weiße Pilze geben.«

»Mit Vergnügen!« erwiderte ich.

Der Graf setzte seinen runden, weichen Hut auf und nahm ein Körbchen. Ich setzte auch den Hut auf und nahm einen der Stöcke hinter der Etagere. Wir gingen ohne Paletot durch die Haustür; nicht weit von derselben, bei der Pforte in dem Hinterhof, standen Turngeräte.

»Das ist auch für Sie?« fragte ich den Grafen.

»Nein, das ist für meine jüngeren Kinder. Ich habe hier andere Übungen,« antwortete er mit einem Blick nach der Hofpforte, wo ein Haufen von frisch gesägtem Holz lag.

Es ist nicht zu verwundern, dass der Graf bei beständiger, physischer Arbeit seine Gesundheit so gut erhalten hat. Dazu verhalf ihm auch sehr der Umstand, dass Tolstoi einen großen Teil seines Lebens auf dem Lande zugebracht hat. Nachdem er schon in frühen Jahren seine Mutter, eine geborene Fürstin Wolkowsky, verloren hatte, wurde er im Jahre 1837, neun Jahre alt, nach Moskau in das Haus seiner Großmutter gebracht, dann lebte er wieder auf dem Lande. Im Jahre 1840 bezog er die Universität Kasan, wo er orientalische und dann juristische Studien machte. 1851 – 1855 stand er im Militärdienst an der Donau und in Sewastopol und seit 1860 lebte er fast ununterbrochen in Jasnaja Poljana. Von seinen siebenundfünfzig Jahren hat er also mehr als fünfunddreißig auf dem Lande zugebracht.

Durch einen kleinen Obstgarten, welchen der Graf selbst angelegt hatte, kamen wir auf das Feld hinaus und wandten uns dem nahen Walde zu. Von diesem Wald aus erblickten wir jenseits eines kleinen Flüsschens andere Wälder und Felder. Von einem Dickicht gingen wir bald bergauf, bald bergab in ein anderes, indem wir uns unterhielten und zuweilen haltmachten. Die Sonne kam hervor und verbarg sich wieder hinter leichten Wolken, die frische Luft war mit feuchtem Wohlgeruch erfüllt, gelbe Blätter fielen langsam von den Bäumen, kein Zweig schwankte in der stillen Luft.

Ich ging neben dem Grafen, bewunderte seinen leichten Gang, die Lebhaftigkeit seiner Reden, die Einfachheit und Lebenslust seiner so wohlerhaltenen, starken Natur.

»Mein Gott,« dachte ich, indem ich ihn ansah und anhörte, »man hielt ihn für verloren für die Kunst, für einen finstern, trockenen Einsiedler und Mystiker. Man sehe diesen Mystiker an!« –

Der Graf sprach mit Interesse von der Kunst, von der heimatlichen Literatur und den besten Vertretern derselben. Nachdem er Gogol erwähnt hatte, welchen der Graf in seinem Leben niemals gesehen hatte, sowie die noch lebenden Schriftsteller, Gontscharow und Grigorowitsch und jüngere, sprach der Graf von der Volksliteratur.

»Vor mehr als dreißig Jahren,« sagte der Graf, »als einige der Schriftsteller, und unter ihnen auch ich, eben zu arbeiten anfingen, gab es in dem russischen Hundertmillionenreich nur Zehntausende, welche schriftkundig waren, jetzt aber, nach der Vermehrung der ländlichen und städtischen Schulen, zählen sie wahrscheinlich nach Millionen und diese Million russischer Schriftkundiger stehen vor uns wie hungrige Dohlen mit offenen Schnäbeln und sagen uns: ›Ihr Herren, geborene Schriftsteller, werft uns eine geistige Speise zu, die Eurer und unserer würdig ist, schreibt für uns, die wir nach dem lebendigen Wort der Literatur dürsten, erlöst uns von jener rohen Marktware!‹ Das einfache und ehrliche russische Volk ist es wert, dass wir diesem Ruf seiner guten, aufrichtigen Seele Folge leisten. Ich habe viel daran gedacht und beschlossen, nach meinen Kräften mich diesem Ziel zu widmen.«

Wir kehrten um aus dem Wald, wo der Graf viele schöne, weiße Pilze zu finden geglaubt hatte, wo sie aber schon verschwunden waren.

»Wie warm und welcher Duft!« sagte er, indem er sich einer alten, halb zerfallenen kleinen Brücke über einem schmalen Bach näherte. »Welche wunderbare Kraft der unmittelbaren Eindrücke vonseiten der Natur und wie sehr liebe und schätze ich die Künstler, welche alle ihre Inspirationen aus dieser mächtigen und ewigen Quelle schöpfen! Darin allein liegen Kraft und Wahrheit.«

Wir sprachen von verschiedenen künstlerischen Zügen in der Literatur, Malerei und Musik.

»Kürzlich habe ich ein Buch gelesen,« sagte Tolstoi unter anderem, indem er vor dem Balken stehen blieb, welcher über den Bach führte: »Das waren Gedichte eines verstorbenen noch jungen, spanischen Poeten. Außer der bemerkenswerten Begabung dieses Schriftstellers interessierte mich auch seine Lebensbeschreibung. Sein Biograph führte die Erzählung seiner alten Amme von ihm an. Sie bemerkte einmal mit Besorgnis, dass ihr Zögling nicht selten die Nächte schlaflos zubrachte, seufzte, laut einige Worte sprach, bei Mondschein auf das Feld zu den Bäumen ging und dort ganze Stunden blieb. In einer Nacht schien es ihr sogar einmal, dass er wahnsinnig geworden sei. Der junge Mann stand auf, kleidete sich in der Finsternis an und ging zum nächsten Brunnen; die Amme eilte ihm nach. Sie sah, wie er mit dem Eimer Wasser heraufzog und es nach und nach auf das Feld ausgoss, dann wieder Wasser schöpfte und es wieder ausgoss. Die Amme rief unter Tränen: ›Der Kleine hat den Verstand verloren!‹ Aber der junge Mensch tat das nur in der Absicht, in der Nähe zu sehen und zu hören, wie in der dunklen Nacht beim Licht des Mondes ein Wasserstrahl plätschernd wegfließt. Das brauchte er zu einem neuen Gedicht. In diesem Fall berichtigte er sein Gedächtnis und die entschwindenden, poetischen Eindrücke durch diese selbe Natur, wie die Maler in gewissen Fällen sich eines Modells bedienen, das sie in die richtige Stellung bringen und mit der nötigen Kleidung behängen.

»Indem ich unsere und fremde Schriftsteller lese, fühle ich unwillkürlich, welcher von ihnen der Natur und seiner übernommenen Aufgabe getreu ist und welcher den Weg verfehlt. Manche vielgelobte Modeschriftsteller würde man mich, wie ich glaube, auch durch Androhung von Leibesstrafe nicht zu lesen veranlassen können.

»Hier ist das Haus!« Unser Spaziergang hatte ungefähr dreieinhalb Stunden gedauert und wir hatten nicht weniger als sechs oder sieben Werst zurückgelegt. Der Graf sah nach dieser Bewegung noch rüstiger aus und schien ganz bereit dazu zu sein, noch weiter zu gehen. Aber es war schon sechs Uhr. Sophia Andrejewna war von Tula zurückgekehrt, wohin sie gefahren war, um die von ihr und dem Grafen gelesene Korrektur eines neuen Bandes seiner gesammelten Werke auf die Post zu bringen und erwartete uns zu Tisch.

»Sind Sie nicht ermüdet?« fragte Tolstoi, indem er mich vergnügt ansah und lebhaft die Treppe hinaufstieg in den ersten Stock seines Hauses. »Für mich ist die tägliche Bewegung und körperliche Arbeit unentbehrlich wie die Luft. Im Sommer finde ich dazu auf dem Land freien Spielraum, ich pflüge auf dem Feld und mähe Heu; im Herbst aber, zur Regenszeit, ist's schlimm. In den Dörfern gibt's keine Trottoire und Fahrwege; bei schlechtem Wetter verfertige ich Stiefel. In der Stadt ist das Spazierengehen auch langweilig und dort kann man nicht pflügen und mähen. Dann hacke und säge ich Holz. Bei sitzender, geistiger Arbeit ohne körperliche Bewegung ist es ein wirklicher Jammer. Wenn ich mehrere Tage lang nicht gehen und nicht mit Füßen und Armen arbeiten kann, bin ich am Abend zu nichts mehr tauglich, weder zum Lesen noch zum Schreiben und kann nicht einmal andere aufmerksam anhören; mein Kopf schwindelt, vor den Augen flimmern Funken und die Nacht wird schlaflos.«

Zum Schluss sagt Danilewsky: »Nach dieser unserer neuen Begegnung blieb Graf L. N. Tolstoi in meinen Gedanken derselbe mächtige, große Künstler, wie ihn ganz Russland kennt. Er ist vollkommen gesund, rüstig, im Besitz aller seiner künstlerischen Kräfte und kann ohne allen Zweifel sein Vaterland noch mit manchem Produkt wie ›Krieg und Frieden‹ oder ›Anna Karenina‹ beschenken, ebenso wie sein Schweigen und die Pause nach seinen Erstlingswerken ›Die Kindheit‹, ›Das Jugendalter‹ und ›Sewastopol‹, während er sich mit pädagogischen Fragen beschäftigte und das Journal von Jasnaja Poljana herausgab, nicht die Folge von Apathie oder Abschwächung seiner künstlerischen Kräfte war, sondern nur eine unwillkürliche Erholungspause, während welcher in einer Seele die Bilder von ›Krieg und Frieden‹ reiften. - So verwendet auch jetzt Graf L. N. Tolstoi seine Mußezeit zu Erzählungen für das Volk, nachdem er das Alte und Neue Testament im Original und das Leben der Heiligen gelesen hatte, und augenscheinlich bereitet er sich zu neuen, künstlerischen Schöpfungen vor und seine jetzige Stimmung ist nur eine neue Stufe, die ihn höheren Proben seiner Schöpferkraft zuführt.«

www.ingramcontent.com/pod-product-compliance
Lightning Source LLC
Chambersburg PA
CBHW031639160426

43196CB00006B/476